KB193220

# 하나님을 향한 **여정**

보편 법칙에 비춘 **이븐 아따아**의 지혜의 언어

## [일러두기]

본문 중 대괄호 [ ]는 옮긴이 주를 표시합니다.

*Journey to God*

*Reflections on the Hikam of Ibn Ata'illah*

© Jasser Auda

First published 2012

ISBN: 9781905837168

Published by Awakening Publications

# 하나님을 향한
# 여정

보편 법칙에 비춘 이븐 아따아의 지혜의 언어

자세르 아우다 지음
쌀람누리 옮김

아마존의나비

# 하나님을 향한 **여정**

## 보편 법칙에 비춘 이븐 아따아의 지혜의 언어

**발행일** · 2024년 11월 30일 초판 1쇄

**지은이** · 자세르 아우다
**옮긴이** · 쌀람누리

**펴낸이** · 오성준
**편집** · 김재관
**본문 디자인** · 김재석
**표지 디자인** · BookMaster K

**펴낸 곳** · 아마존의나비
**등록번호** · 제2020-000073호(2014년 11월 19일)
**주소** · 서울시 은평구 통일로73길 31
**전화** · 02-3144-8755, 8756  팩스 · 02-3144-8757
**이메일** · info@chaosbook.co.kr
**ISBN** · 979-11-90263-27-6  93280
**정가** · 16,800원

# 옮긴이 글

아직 여러모로 부족하지만 그래도 지난날에 비하면 이슬람을 소개하거나 무슬림을 위한 지침서는 제법 찾아 볼 수 있게 되었습니다. 이 세상에 태어난 사람들은 삶의 의미와 방식에 대한 생각으로 여러 갈래에서 해답을 찾으려는 노력을 기울이며, 각자의 뜻에 따라서 길을 선택합니다.

자신의 길을 이슬람에서 찾은 사람들이 무슬림입니다. 이슬람은 영적 마음의 길과 육체적 행위의 길로 무슬림을 안내합니다. 그 길이 바로 하나님의 말씀, 꾸란의 가르침입니다. 꾸란의 가르침은 무슬림들이 영적 길과 육체적 길 사이에 어느 쪽으로도 치우치지 않는 온건한 길로 안내하며 그 길을 벗어날 때 일어나는 극단을 경계합니다.

선지자 무함마드의 교우들 중 몇몇은 더 많은 하나님의 은총을 바라는 마음에서 밤새 예배에 임하거나 일 년 내내 단식을 지킴으로써 가족 돌봄이 소홀했는데, 이때 선지자가 타일렀습니다.

"하나님께서는 그런 규정을 두시지 않았지요…. 나로 말하자면 예배를 드리지만 잠도 자고, 단식을 하지만 음식을 섭취하며, 일을 하면서도 아내와 함께 합니다."

무함마드는 타 종교의 성인들처럼 세상을 거부하거나 고행하는 금욕주의자도, 대부분의 시간을 예배나 명상으로 보내는 수도사도 아니었습니다. 그렇다고 하나님께 대한 헌신이 부족하다는 뜻은 아닙니다. 하나님은 오직 한 분이시요, 유일하시며, 절대적이시어 전능하시고, 은혜로우신 분이라는 믿음이 생겼을 때 무함마드는 확신에 찬 사람이 되었습니다.

인간 세상의 모든 것(과거, 현재, 미래)과 자연의 모든 것(해, 달, 별, 나무, 크고 작은 동물들)은 하나님의 조치로 변화하며 살다 죽었습니다. 모든 것을 하나님의 창조와 작업과 섭리로 보기 전까지 누구에게도 하나님께 대한 믿음이 종교적이지 않습니다. 이것이 바로 무함마드가 세상을 본 뛰어난 방식이었습니다.

우리나라에도 무슬림들이 점점 더 늘어나면서 새로운 무슬림들을 위한 안내 책자도 함께 많아졌습니다. 그러나 대부분의 책자가 수행 방식이나 행동 지침 등 물리적 측면에 우선순위를 둔 까닭으로 늘 아쉬움이 남던 차에 유명한 학자인 이븐 아따아(Ibn Ata)의 책을 만나게 되어 반가운 마음으로 소개합니다. 아무쪼록 이 작은 정성이 이 책을 만나는 분들에게 마음의 길과 행동의 길이 조화를 이루는 데 도움되기를 바라는 마음입니다.

2024년 11월
쌀람누리

# 목차

# 들어가기

## 여정을 시작하며

> **여**러분과 하나님 사이에 다가서야 할 실제 거리가 존재하는 건 아닙니다. 그리고 여러분과 그분 간 연결고리가 끊어져서 다시 바로잡아야 하는 것도 아닙니다.

**자비의 주님이시며 자애를 베푸시는 하나님 이름으로**

온 찬미를 하나님께 바치나니, 선지자 무함마드와 그 가족과 교우들과 마지막 날까지 안내를 따르는 이들에게 평화와 축복이 함께하소서. 우리가 행하거나 행했던 일, 알고 있거나 알았던 덕분이 아닌, 하나님의 자애와 너그러우심으로 자비와 은총을 간구하나니, 오직 하나님만이 순수하시며 관대하심에 무엇이든 모두 아시며, 저희들은 알지 못함에 오직 하나님만이 전능하시며, 저희에게는 아무 권한도 없습니다.

하나님만이 만사의 근원이자 귀결이시니 오직 주님께 의지하여 안식처를 요청 드리고, 무지와 거짓 환상으로부터 보호를 바라오며, 결점을 채워 주시어 바르고 흡족한 길로 인도를 간구합니다.

이 여정이 우리 자신에게 진정한 여정이 되기를 바랍니다. 하나님의 은혜와 도움 없이 우리는 더 나은 상태로 변화하거나 의식과 주의력을 향상시킬 수 없음을 잘 알고 있습니다.

그대가 사랑하는 이라도 바르게 인도할 수 없을 것이니, 인도를 결정하시는 분은 하나님으로 인도받을 이를 아심이라.(꾸란 28장 *Surah al-Qasas* 56절)[1]

그러나 하나님께서는 우리가 감사 드릴 때 더욱 풍성한 은혜를 베푸시고, 용서를 구할 때 용서뿐 아니라 영적, 물질적 축복까지 약속하셨습니다. 진심으로 기도 드린다면 응답하시고, 의지할 때는 성공을 약속하셨습니다. 간단히 말하자면, 이 여정에서 우리가 달성하고자 하는 모든 것은 하나님을 신뢰하고, 조용히 성찰하며 도움을 구하는 데 있습니다. 우리에게 주어지는 모든 축복은 하나님 뜻으로 결정되며, 항상 최선을 다하는 이들에게 특별히 주어집니다.

이 책은 '여정', 즉 하나님을 위한 여정, 하나님과 함께하는 여정, 그리고 하나님을 향한 여정을 이야기합니다. 실제 하나님은 우리가 생각하는 이상으로 가까이 계시지만 말입니다.

종복들이 나에 관하여 묻는다면, 보라, 내가 가까이에 있도다.(꾸란 2장 *Surah al-Baqarah* 186절)

---

1) 꾸란의 의미에 대한 나의 번역은 무함마드 아사드의 훌륭한 번역을 기반으로 하여 이 책의 맥락에 맞게 일부 수정을 가했습니다. 경우에 따라서는 영어의 구어 대신 현대적 단어를 사용하거나 텍스트의 의미에 더 근접한 대체어를 사용하기도 했습니다.

인간의 목동맥보다 더 가깝게 있으리니.(꾸란 50장 *Surah Qaf* 16절)

이븐 아따아(Ibn Ata)는 말합니다.

"우리와 하나님 사이에는 여행으로 다가설 만큼의 실제 거리가 있는 것이 아닙니다. 또한 우리와 그분 사이의 연결이 끊어져 바로잡아야 하는 것도 아닙니다. 하나님은 우리와 매우 가까이 계십니다. 멀어진 것은 우리입니다! 하나님은 우리의 목동맥보다도 더 가까이 계십니다. 단절된 것은 우리입니다! 이것이 바로 우리가 그분을 향한 '여정'을 떠나고 그분께 더 가까이 다가서는 방법을 배워야 하는 이유입니다."

여정 중에는 사람이 아닌 하나님께 대한 예절을 배우고, 우리의 성품을 개선하여 하나님의 종복으로서의 자격을 갖추는 배움에 임할 것입니다. 이것은 우리가 종종 잊고 자주 간과하는 이슬람의 중요한 측면입니다.

여기에서 우리가 언급하는 것은 이슬람 의식이나 법률이 아닙니다. 의식을 행하거나 일상생활에서 이러한 원칙을 적용함으로써 우리는 내면의 영혼과 감정에 대해 성찰하게 됩니다. 여기에서 우리는 단순히 법적이거나 금지된 규칙들을 학습하는 것이 아니라, 자신의 잘못을 찾고, 겸손해지며, 진심으로 회개하는 마음을 하나님께 드리는 방법을 배웁니다.

세정(洗淨)의 세부 사항이나 경배 드리는 규칙을 배우는 것이 아니라, 예배에 집중하고 정결함을 유지함으로써 빛을 받아들일 준비, '올바른' 신체 활동이 아니라 올바른 마음가짐, 하나님을 의지하여 섬기고 자신을 낮추어 하나님을 갈망하고 그분의 규례에 만족하여 놀라운 창조물을 반영하는 법 등을 배울 것입니다. 이 모두를 배울 때 우리는 마음속에 미소 짓는 방법과 더 행복해지는 방법을 알게 될 것입니다.

> 자아를 순수하게 성장시키는 사람은 진정으로 행복에 이를 것이며, 어둠 속에 자신을 묻는 사람은 실로 길 잃은 자이로다.(꾸란 91장 *Surah al-Alaq* 9-10절)

'영혼의 정화'는 일부 사람들이 수피즘(*Sufism*)으로 칭하는 이슬람의 지식(또는 과학) 갈래 중 하나로, 다른 이들은 이를 마음이나 내면의 영혼, 겸손, 예절, 신이 부여한 지식, 또는 영성의 과학으로도 묘사합니다. 하나님을 향한 여정에서 우리는 이름, 분류, 용어 등에 대한 관심을 기울일 필요는 없습니다. 오직 의미, 목적, 본질에만 집중할 뿐입니다. 그럼에도 우리는 다음과 같은 합리적 의문을 가질 수 있습니다.

"왜 마음과 영성의 정화를 위해 수피즘으로 알려진 별도의 '과학'이나 지식 분야가 필요한가?"

이에 대한 답변은, 종교학을 포함한 모든 과학 분야가 필요에 따라 발전해 왔다는 사실에 있습니다. 이슬람 초기에는 타프시르(*Tafsir*, 꾸란 해석), 피크(*Fiqh*, 이슬람 법률), 하디스(*Hadith*, 선지자 전승), 리잘(*Rijal*, 하디스 해설자), 우술 알-피크(*Usul al-Fiqh*, 이슬람 율법 철학), 다와(*Dawah*, 이슬람으로의 초대), 일름 알-깔람(*Ilm al-Kalam*, 이슬람 종교 철학) 같은 과학은 존재하지 않았습니다. 시대가 변하면서 그러한 학문이 절실히 필요하다는 인식이 생겼으며, 학자들은 지식을 추구하고 그 지식을 타인에게 전달하려는 이들을 위해 해당 과학을 개발하고 체계화했습니다.

예를 들어, 타프시르(해석)의 과학을 배우고자 한다면, 해당 분야의 적합한 전문가를 찾아 함께 공부하는 것이 필요합니다. 종교, 사회 과학 등 인문학의 다른 분야 역시 마찬가지인데, 각 분야의 주요 학자들이 저술한 철학, 원칙 및 잘 알려진 주요 작품들로 구성된 지식의 체계를 가지고 있습니다. 수피즘도 이와 다르지 않습니다.

과학을 추구하는 모든 사람들은 초보자부터 연구원, 전문가에 이르기까지 각 단계를 경험합니다. 마찬가지로 수피즘, 영성, 또는 영혼의 정화를 추구하는 이슬람 지식의 다른 분야에서도 모든 구도자들은 이러한 단계를 거칩니다. 일부의 수피 무슬림들은 수피즘의 본래 내용에서 벗어나, 다수의 무슬림들이 동의하지 않는 극단적 입장을 취했습니다. 그러나 이런 편차가 수피즘에만 한정된 것은 아닙니다. 다른 학문에 종사하는 학자들도 자신들의 연구를 남용했었지만, 그렇다고 이것이 전체 학문, 즉 지식의 특정 분야가 무의미해진다거나 부도덕하거나 금지될 수 있다는 의미는 아닙니다.

따라서, 일부 수피 무슬림들이 올바른 길에서 벗어나거나, 이슬람의 기본 개념을 이해하지 못하거나, 현대 문제를 다루지 못한다는 이유로 수피즘을 포기하는 것은 옳지 않습니다. 예를 들어, 일부 수피 무슬림들은 하나님께 의지한다는 개념을 잘못 이해하여 이 중요한 이슬람 신념을 게으름과 무관심으로 잘못 해석합니다. 어떤 수피 무슬림들은 하나님의 자비에 대한 희망을 오해하여 마치 하늘의 징벌로부터 자유로운 것처럼 죄 짓는 것이 허용된다고 여기는 한편, '하나님께 대한 두려움'이라는 개념을 잘못 이해하여 그것을 절망의 상태로 전환시키기도 합니다. 그러나 이 모든 일탈이 우리를 수피즘의 목적과 목표로부터 멀어지게 해서는 안 됩니다. 수피즘은 무엇보다도 하나님을 알고, 그분께 경배 드리는 데 있어 탁월함(*Ihsan*)을 달성할 때까지 영혼의 정화를 목표로 합니다.

그렇다면, 그러한 지식을 가르칠 만한 자격은 누구에게 있을까요? 그 대답은 우리 이슬람 전통 유산에 잘 기술되어 있습니다. 자격을 갖춘 학자들이 영혼의 정화를 가르치는 일은 표출되는 지식과 영혼에 대한 지식, 즉 법적인 것과 금지된 것에 대한 지식인 피크(*Fiqh*)와 진리인 하끼까(*Haqiqah*)에 대한 지식을 모두 통달해야 함을 의미합니다. 법을 고려하고 율법 규칙과 도덕적 한계를 준수하지 않으면 진리를 배울 수 없습니다.

많은 무슬림들이 피크(*Fiqh*, 법, 합법적인 것과 금지된 것에 대한 지식)를 단순히 샤리아(*Shari'ah*, 이슬람 생활방식)와 동일시하지만, 사실 피크는 샤리아의 일부에 불과합니다. 샤리아는 훨씬 더 광범위한 학문으로, 실제로 수피즘까지 포함하고 있습니다. 하나님과 함께하는 영혼의 정화는 무함마드에게 계시된 이슬람 생활방식의 일부입니다.

이 책을 통해 우리는 주님을 향한 영적 여정을 시작하게 됩니다. 우리의 안내자는 이슬람 영성, 법학, 하디스 학과, 아랍어의 권위자로서 외현적 지식과 내면의 영적 지식을 모두 습득한 학자, 이맘 쉐이크 아부 알-파들 따즈 알-딘 아흐마드 빈 무함마드 빈 압둘카림 이븐 아따아 알라 알-싸칸다리(Abu al-Fadl Taj al-Din Ahmad b. Muhammad b. Abd al-Karim, Ibn Ata-Allah al-Sakandari)입니다.

이븐 아따아의 가장 유명한 지식 공헌은 히캄(*Hikam*, 지혜의 말씀) 형태로 기록되었으며, 이 책은 각각의 히크마(*Hikmah*, 격언 또는 지혜의 말씀)를 통해 특정 주제를 논의하고 신앙인들이 그 길을 따라 한 걸음 더 나아갈 수 있도록 돕습니다. 내 생각에 '지혜의 말씀(히캄)'은 이븐 아따아가 정립하고 숙달한 단계들을 따라 진정으로 하나님께 향하는 영적 여정의 각 단계를 의미합니다. 이 책은 그 히캄 중 30가지를 골라 하나님께로 가는 여정을 '단계'라는 형식으로 제시합니다.

여정은 하나님께 참회함으로써 그분의 자비 속에서 희망을 찾고, 그분에 대한 진실함을 배우며, 그분께 의지하고 창조물을 묵상함으로써 자신의 결점을 영혼의 깊은 곳에서 들여다보는 것에서 시작됩니다. 여정의 마지막은 "비록 여러분이 하나님을 직접 볼 수는 없지만, 마치 그분 앞에 서 있는 것처럼 경배해야 한다"는 선지자 무함마드의 가르침에 따라 인식과 겸손, 만족감, 그리고 탁월함의 경지에 이르러 완성됩니다. '하나님의 선물의 아들'을 뜻하는 이름을 가진 이븐 아따아 알라(Ibn Ata-Allah)는 진실로 지혜와 지식의 은혜를 받은 인물이었습니다.

> 하나님께서는 원하시는 이에게 지혜를 베푸시니, 지혜를 받는 이 풍부한 복을 얻으리라.(꾸란 2장 *Surah al-Baqarah* 269절)

이븐 아따아 알라는 히즈라 658년(서기 1259년), 이집트 알렉산드리아에서 태어나 그곳에서 성장하여 살다가 히즈라 709년(서기 1310년)에 세상을 떠났습니다. 이븐 아따아는 그가 지도한 많은 제자들과 함께 훌륭한 저작들을 남겼습니다. 그의 스승들과 학생들, 그리고 여러 동료들은 수피즘과 말리키 학교의 말리키 법학 규칙(*Maliki Fiqh*)에 따라 그가 내린 신앙과 실생활 문제에 대한 법 해석인 파트와(*Fatwah*)에 대한 권위를 인정하였습니다.

각 장은 이븐 아따아의 웅변적이면서도 간결한 단어들로 번역되고 해석됩니다. 겸손한 마음으로 저는 히크마(*Hikmah*)의 의미를 탐구하는 몇 가지 질문을 통해 의견을 펼치고자 합니다. 그러면서, 이븐 아따아가 사용한 고급 언어보다는 좀 더 명확하고 간단한 방식으로 질문에 답하고자 합니다. 또한, 이 새로운 개념들을 꾸란과 순나(Sunnah, 선지자 무함마드의 가르침)를 바탕으로 설명하겠습니다. 이슬람 용어의 원본을 인용하는 이유는 이븐 아따아가 제안한 수피 무슬림의 용어와 표현이 갖는 독창성과 진정성을 설명하려 함입니다. 수피 여정에 동행할 때, 때때로 일반 무슬림에게 생소한 표현들을 접하게 됩니다. 예컨대, '고립의 미덕', '선행에 집착하지 않음', '자기 만족을 경계함', 그리고 바라카(Baraqah, 천상의 축복)의 중요성 등이 그것입니다. 여기에서 보시는 바와 같이, 수피 용어는 실제로 꾸란과 선지자의 언어에 뿌리를 두고 있습니다.

예를 들어, '고립'이라는 개념은 선지자 무함마드가 이티카프(Itikaf, 예배를 위한 은둔)를 실천한 일과 관련되며, 이는 라마단(이슬람력 9월)이나 다른 시기에 뒷산이나 마스지드에서 볼 수 있었습니다. '선행에 집착하지 않는다'는 생각은 선지자 무함마드의 하디스를 통해 뒷받침됩니다.

"하나님의 자비 없이는 누구도 자신의 선행만으로 천국에 들 수 없습니다."[2]

---

2) 알-부카리(al-Bukhari)와 무슬림(Muslim)등에 의해 보고됨.

자신에 만족하지 못하는 개념은 꾸란에서 이렇게 설명됩니다.

그렇지만 오! 스스로의 양심의 비난을 증언하기 위한 부름을 받았습니다.(꾸란 75장 *Surah al-Qiyamah* 2절)

바라카(*Baraqah*)로 알려진 축복의 개념 역시 꾸란의 여러 구절과 선지자의 예언적 전승에서 자주 언급되고 설명됩니다.

저도 이 지혜의 말씀과 하나님의 보편 법칙(*al-Sunan al-Ilahiyyah*) 사이의 관계에 대해 자세히 설명하고자 합니다. 이것은 하나님께서 우주의 모든 것을 다스리기 위해 정한, 더 높고 일관되며 근본적인 법칙들입니다. 예를 들어, 우리와 천지만물의 창조에서 나타나는 통일성, 평등, 다양성의 균형이나 인간 발전과 사회의 추세 및 현상들의 순환적 변화 등이 이에 해당합니다. 또한, 보편 법칙에는 정의, 재판, 상환 등의 원칙이 포함되며, 이는 책 전체에 걸쳐 설명되어 개인 및 사회 형태의 인간 생활을 규율합니다.

이 책은 원래 이집트 카이로의 무카탐(Muqattam) 지역에 있는 마스지드 히라(Hira)에서 히즈라 1429년(서기 2008년) 라마단 기간 동안 타라위(*Tarawih*, 밤 예배) 중 아랍어로 진행된 30개의 짧은 연설로 구성되었습니다. 이 아름다운 마스지드는 카이로대학의 다르 알-울룸(Dar al-Ulum) 학부에서 고인이 된 샤이크 압달라 셰하타(Shaykh Abdallah Shehata)가 설립하였으며, 현재는 그의 훌륭한 가족들이 정성을 다해 관리하고 있습니다. 책에서의 각 과정은 라마단 달 30일로 구성되었으며, 이후 서문과 결론을 포함 총 28장의 《알-술루끄 마아-알라(*al-Suluk ma'a-Allah*)》(카이로: Dar al-Hidaya, 2010)라는 제목의 아랍어 책으로 출판되었습니다. 현재의 영어 저작물은 아랍어 책의 사상과 주제 및 장 구분에 기반하지만 다른 책입니다.[3]

히캄(*Hikam*, 지혜의 말씀)은 고전학자와 현대학자 모두에 의해 다양한 형태로 주석이 붙어 설명되었습니다. 고전적 논평에서 이븐 압바드(Ibn Abbad), 아흐마드 자르루끄(Ahmad Zarruq), 그리고 이븐 아지바(Ibn Ajiba) 등 세 명의 이맘은 제가 마주한 논평들 중 가장 뛰어났습니다. 현대학자들 중에서는 특히 고인이 된 쉐이크 무함마드 알-가잘리(Shaykh Muhammad al-Ghazali), 쉐이크 사이드 하우와

---

3) 이 영어 버전에 도움받은 아랍 원전의 번역 및 하디스 인증을 도와준 모흐센 하레디(Mohsen Haredy) 형제에게 감사를 표합니다.

(Shaykh Said Hawwa), 그리고 쉐이크 알리 주마아(Shaykh Ali Jumaa)로부터 큰 영향을 받았습니다.

나는 이 책이 획기적인 새로운 논평을 제시한다고 여기지 않습니다. 이는 오히려 이븐 아따아가 이루어 낸 지혜에 대한 개인적 성찰을 편집한 것이며, 하나님께서 저에게 이로움을 주시고 다른 이들에게도 베풀어 주시기를 기도드립니다. 우리가 하는 말이나 글이 어떻게 다른 사람들에게 이로움을 줄지는 하나님만이 아실 수 있습니다. 나에게는 오직 그분과 함께하는 희망만이 있으며, 너그럽고 전능하신 분께서는 소망을 품은 이들을 멀리 이끌어 가신다는 것을 경험으로 알고 있습니다.

이후에 지혜의 말씀에서 설명하겠지만 우리의 결점이나 부족함, 혹은 잘못 때문에 하나님의 무한한 풍요로움, 은총, 자애를 기대하고, 일하며, 소망하는 것을 멈추어서는 안 될 것입니다. 선지자들과 그들의 지혜로운 동료들, 그리고 하나님의 길을 따랐던 모든 이들을 위해 하나님의 도움을 청하며 축복과 평화를 기원합니다.

2011년 3월
자세르 아우다

# 첫 번째 단계

# 뉘우침과 소망

잘못을 저지른 후 하나님께 대한 희망이 줄어들었다고 느낀다면, 당신은 하나님의 은혜가 아닌 자신의 행위에만 의존하고 있음을 깨달으십시오.

**자비의 주님이시며 자애를 베푸시는 하나님 이름으로**

하나님께 다가가는 여정을 시작하거나 다시 시작하고자 할 때, 나는 스스로에게 질문합니다.

"어디서부터 시작해야 하며, 무엇을 가져가야 할까? 지금까지 내가 행한 선한 일들을 모아 대비책으로 삼는 것이 필요할까?"

이븐 아따아가 '지혜의 말씀'에서 한 답변은 다음과 같습니다.

"여러분의 미덕에 의존해서는 안 됩니다. 대신, 여러분의 마음을 하나님께 돌리고, 오직 그분을 신뢰하며, 그분의 자비와 풍성함을 목표로 삼아 여정을 시작하십시오."

"하나님의 긍휼이 멈추는 것이 미덕의 결과라면, 하나님의 긍휼과 은혜는 내 선행이 멈출 때 사라질까요?"라는 질문에 대한 답 역시 "아니오"입니다.

> 인간의 모든 잘못을 즉시 하나님께서 처벌하신다면, 단 하나의 생명체도 땅 위에 남지 못하리라.(꾸란 16장 *Surah an-Nahl* 61절)

이것은 하나님의 긍휼과 은총을 '받을 자격이 있는가'

혹은 '수혜'의 문제가 아닙니다. 오히려 자신의 부족함에도 자비와 은총을 받기 위해 하나님께 의탁하는 것이며, 이는 올바른 방향으로 나아가기 위한 올바른 시작입니다.

　하나님께로 돌아가 그분의 자비를 구한다면, 자신의 잘못과 실수에 대해 반성해야 합니다. 하나님의 법칙에 따르자면, 무엇인가를 특정 장소에 두기 위해서는 그것을 담기 위한 공간과 여유가 필요합니다. 믿음이나 광명도 이와 다르지 않습니다. 하나님께 대한 갈망과 믿음, 그리고 광명으로 우리 마음을 채우고자 한다면, 먼저 마음속에 다른 욕망이나 탐욕이 차지하지 않을 공간을 만들어야 합니다. 그럴 때에만 우리는 수피 무슬림들이 이야기하는 '순결, 아름다움, 그리고 광명의 선함(*al-Takhalli thum al-Tahalli thum al-Tajalli*)'으로 마음을 채울 수 있고, 이를 통해 하나님께 우리의 부족함을 인정하며 여정을 시작할 수 있습니다.

> 믿는 이들 모두는 늘 뉘우침으로 하나님께 돌아가 행복으로 이르게 하라!(꾸란 24장 *Surah an-Nur* 31절)

　뉘우침에는 이븐 아따아가 '지혜의 말씀' 중 '하나님께 소망' 항목에서 강조한 것처럼 특정의 감정이 동반되어야 합니다. 그렇다면 왜 뉘우침에 소망이 필요한 것일까요?

그리고 이것이 개인의 여정과 어떤 연관이 있을까요? 이븐 아따아는 이렇게 설명합니다.

"잘못을 저지른 후 하나님께 대한 희망이 줄어든다면, 그것은 당신이 하나님의 은혜가 아닌 자신의 행위에만 의존하고 있음을 깨닫게 해 줍니다."

이 말은 만약 우리가 하나님의 자비를 의지하며 하나님을 깊이 신뢰하기를 원한다면, 우리가 독선적이지 않은지 반드시 자문해야 한다는 의미입니다. 우리의 노력과 행동으로 미덕을 이루었다고 생각하면 안 됩니다. 하나님의 자비와 은혜보다 자신의 행위에 더 의지하는 태도는 잘못을 저질렀을 때 희망이 줄어드는 주된 징후 중 하나입니다. 하나님께 대한 우리의 소망은 항상 일정해야 합니다.

학자들은 진정한 뉘우침에 필요한 네 가지 조건을 다음과 같이 제시합니다.

첫째, 자신의 잘못을 인정하고 반성해야 합니다.

둘째, 반복되는 잘못을 중단해야 합니다.

셋째, 다시는 같은 잘못을 하지 않겠다는 확고한 의지가 필요합니다.

넷째, 타인의 권리를 침해하는 잘못을 저질렀다면, 그에 상응하는 보상을 해야 합니다.

이 네 가지 요건을 만족시켜야 진정한 뉘우침이라 할 수 있습니다. 첫 번째 조건은 잘못을 뉘우치는 것입니다. 선지자 무함마드께서 말씀하셨습니다.

"양심의 가책은 뉘우침입니다."[1]

두 번째 조건은 잘못을 자제하는 것입니다. 반성한다 말하면서도 같은 실수를 계속 반복하는 사람은 위선자입니다. 세 번째 조건은 진정으로 같은 실수를 반복하지 않겠다고 결심하는 것입니다. 어떤 이들은 자신의 잘못을 후회하면서도 그 잘못을 버리지 못하고, 반복적으로 실수를 저지르려 합니다.

그러나 만약 누군가가 (하나님께 금지된)같은 잘못을 다시 저지를 경우, 유일한 해결 방법은 새롭게 회개하고, 반복적으로 후회하며, 다시는 그 길로 빠지지 않겠다고 결심하는 것입니다. 우리는 하나님께서 언제나 용서하시고 가장 자비로운 분임을 인식해야 합니다. 하나님은 진심으로 회개할 때마다 우리를 거부하시지 않고 받아 주실 뿐 아니라 그 반대로 선지자가 전한 바처럼 종복들이 회개할 때 가장 기뻐하십니다.

---

1) 이븐 힙반(Ibn Hibban)과 이븐 마자(Ibn Majah)에 의해 보고됨.

네 번째 조건에 대해, 학자들은 누군가의 잘못이 타인의 권리를 침해했다면 반드시 보상해야 한다고 주장합니다. 예를 들어, 물건을 훔친 경우, 그 물건은 반드시 반환되어야 합니다. 부정 행위가 저질러지면 반드시 바로잡아야 합니다. 사람들에게 모욕을 주었다면, 그들로부터 용서를 구해야 한다고 말합니다.

이븐 아따아는 이러한 조건들이 충족될 것이라는 가정 하에 하나님께 대한 희망을 유지해야 한다고 말합니다. 이것은 '조건'이라기보다는 오히려 하나님과의 관계에서 나오는 가치 체계라 할 수 있습니다.

> 하나님의 은총을 갈망하는 이, 하나님께서는 용서와 은혜를 베푸시는 분이라.(꾸란 2장 *Surah al-Baqarah* 218절)

때로 우리는 희망을 잃고 스스로에게 묻곤 합니다.

"내가 이렇게 많은 실수를 저질렀는데, 어떻게 하나님의 은혜를 바랄 수 있을까? 하나님께서 나의 회개를 받아들여 주실까?"

그러나 이러한 질문은 옳지 않습니다. 우리 잘못이 아무리 크고 깊다 하더라도 하나님께서 용서하지 않으실 것이라는 생각은 자비로우신 하나님께 대한 믿음을 잃는 일입니다. 이는 하나님의 긍휼을 향한 희망을 상실하게 만들고, 결국 좌절과 절망으로 몰아넣을 것입니다.

길 잃은 자 아니라면, 뉘라서 베푸시는 분의 은혜를 포기할 텐가?(꾸란 15장 *Surah al-Hijr* 56절)

희망을 잃는다는 것은 마음을 다해 하나님께 맡기지 않고, 오히려 자신의 약점이나 제한된 마음 상태에 의존해 비굴하게 행동하는 것을 의미합니다. 물론, 이것이 일을 멈추고 희망만을 되뇌인다는 의미는 아닙니다. 하나님께 맡긴다는 것은 몸이 움직일 때 마음속에서 느끼는 감정이기 때문에 그것 또한 잘못된 것입니다.

이븐 아따아는 말합니다. 우리의 잘못이 아무리 크더라도 하나님의 자비를 향한 희망을 잃어서는 안 됩니다. 진심으로 회개하는 모든 이에게 하나님께서 그 회개를 받아들이실 것입니다. 선지자께서 말씀하셨습니다.

"잘못을 진심으로 뉘우친 사람이라면 죄를 짓지 않은 사람과도 같습니다."[2]

더불어 이렇게 전했습니다.

---

2) 이븐 마자(Ibn Majah)에 의해 보고됨.

"하나님께서 말씀하셨습니다. 오, 아담의 자손들이여, 너희가 나를 부르고 내게 간구한다면 너희가 저지른 죄를 용서하리니, 나는 그것을 개의치 않으리라! 오, 아담의 자손들이여, 너희가 땅만큼이나 큰 죄를 지니고 내게 온다 해도 나는 너희를 용서하리니, 그 또한 개의치 않으리라."[3]

잘못의 경중에 따라 희망이 영향을 받아서는 안 됩니다. 오히려 하나님께 뉘우침으로써 단지 그분의 자애심을 기대하겠다는 진지한 의도를 간직해야만 합니다. 선지자는 또 말씀하셨습니다.

"하나님께서 말씀하시기를, 나는 종복이 기대하는 그대로이니 그가 원하는 대로 나를 생각하게끔 할지어다."[4]

이븐 아따아는 잘못을 저지른 후 하나님께 대한 희망이 줄었다면, 그것은 하나님 은총이 아닌 자신의 행위에 의존했음을 깨닫게 된다고 말합니다. 이 내용은 선지자가 전하는 다음 하디스(선지자의 언행록)와 맥락을 같이합니다.

"여러분 중 아무도 단순한 행위만으로는 낙원에 들어갈 수 없습니다."

---

3) 알-티르미디(al-Tirmidhi)에 의해 보고됨.

4) 알-부카리(al-Bukhari)와 무슬림(Muslim)에 의해 보고됨.

교우들이 "하나님의 전령이시니 당신은 예외이시겠지요?"라고 물었을 때, 선지자는 "하나님이 용서와 자비를 베푸시지 않으신다면 나 또한 마찬가지입니다"라고 대답했습니다.[5]

하디스에서 선지자는 말씀하셨습니다.

"행위만으로 낙원에 들어갈 자격을 얻을 수 있는 사람은 없습니다."

이것이 하나님의 자비에 대한 희망을 잃는다는 의미는 아닙니다. 이 말은 우리가 단지 행동에만 의존해서는 안 되며, 하나님의 자비를 신뢰해야 한다는 의미입니다. 또한, 이는 이븐 아따아가 그의 '지혜의 말'에서 전달한 메시지와 일치합니다.

그러나 여러분이 어떤 행동을 하든 면책될 것이라는 희망, 즉 무조건적으로 하나님의 형벌로부터 용서받을 것이라고 생각해서는 안 됩니다. 그런 사람들은 다음과 같이 말합니다.

그날의 불길이 제한적이니 우리에게 미치지 않을 것이다. (꾸란 2장 *Surah al-Baqarah* 80절)

---

5) 알-부카리(al-Bukhari)와 무슬림(Muslim)에 의해 보고됨.

하지만, 이 구절은 자신들의 행동과 무관하게 하나님의 선택을 받았다고 믿었던 과거 어느 민족에 대한 계시입니다. 오늘날 일부 무슬림들은 자신들이 원하는 것을 무엇이든 할 수 있으며 해를 입지 않을 것이라고 생각합니다. 그러나 하나님께서는 말씀하셨습니다.

> 하지만 길을 잃은 자들이 아니라면, 아무도 하나님의 깊은 계획으로부터 안전하다고 여기지 않는다. (꾸란 7장 *Surah al-Araf* 99절)

희망이 거짓 면책의 상태가 되어서는 안 되며, 어떠한 행위에 대해서도 하나님의 자비가 보장된다고 생각해서도 안 됩니다. 유일한 확신이라면 실제 낙원으로 이르는 것입니다. 첫 번째 칼리프, 아부 바크르 알-시디크(Abu Bakr al-Siddiq)는 말했습니다.

"내 한쪽 다리가 이미 낙원에 있고, 다른 한쪽 다리가 아직 밖에 있다면, 나는 하나님의 깊은 계획 안에서 내가 안전하다고 생각하지 않을 것이다."

그러므로 우리는 경외심과 희망 사이에서 균형을 유지해야 합니다. 균형은 우리가 어디에서나 추구해야 하는 보편 원칙입니다. 뉘우침에서의 균형은 하나님의 은총을 갈망하는 것과 더불어, 그분의 징계에 대한 경외심을 통해 진심으로 회개하는 것을 의미합니다.

어떤 불신자들은 절망에 관한 잘못된 선입관을 가지고 있습니다. 하나님께 돌아가고 싶어하지만, 자신들이 저지른 죄로 인해 하나님께서 결코 용서하지 않으실 것이라고 생각합니다. 그래서 계속 잘못된 길로 빠져듭니다. 하나님께서 말씀하십니다.

> 그대를 돌보시는 분께서 자애와 은총의 법을 정하셨으니, 무지로 인해 악행을 저지른 이들이 뉘우치고 의롭게 살아간다면, 하나님께서 용서와 은총을 베푸시리라. 나의 메시지가 분명히 밝히나니, 죄를 짓는 자들의 길과 뉘우친 올바른 사람들의 길을 구분하기 위함이노라.(꾸란 6장 *Surah al-Anam* 54-55절)

신성한 회개 제안을 거부하는 사람은 죄인입니다. 여기에서 우리는 희망과 경외심 간 균형을 맞춰야 합니다.

그러므로 이 길을 따르는 첫 번째 단계는 하나님의 자비를 향한 희망을 확립하고 마음을 그분께로 돌리는 것입니다. 이것이 길건 짧건 여정의 첫 정거장입니다.

# 두 번째 단계

# 보편 법칙으로
# 지배하시는 하나님

아 무리 인간 의지가 강하다 해도 숙명까지 관통할 수는 없습니다.

## 자비의 주님이시며 자애를 베푸시는 하나님 이름으로

우리는 하나님의 자애에 대한 무한한 희망으로 인도하는 '지혜의 말씀'으로 하나님을 향한 영적 여정을 떠났습니다. 지난 잘못으로 하나님께 대한 우리의 희망을 의심해서는 절대로 안 됩니다. 하나님께서는 자애 넘치는 분이시니 진심으로 뉘우치는 한 어떤 잘못이라도 용서해 주십니다.

새로운 결심이나 여행을 할 때, 우린 때때로 에너지와 열망과 열정으로 가득 찬 나머지 자신이나 가족과 사회와 국가 및 전 세계를 하룻밤 사이에 바꾸려 듭니다! 이따금 사람들은 이븐 아따아가 일컫는 바, '운명의 베일'을 잊어 버리고 맙니다. 이븐 아따아는 말했습니다.

"사람의 의지가 아무리 강하다고 한들, 운명까지 꿰뚫을 수는 없습니다."

이 말은 무엇을 의미할까요? 그것은 바로 무언가를 하려는 강한 의지와 결심에도 불구하고 하나님께서 정하신 운명을 꿰뚫을 수는 없다는 뜻입니다. 이런 운명은 일관되면서 지배적인 보편 법칙(Sunan)입니다.

하나님께서 말씀하셨습니다.

하나님 법칙(*Sunnah*)에서는 어떤 변화라도 찾을 수 없을 것이며, 어떤 일탈이라도 발견할 수가 없으리라.(꾸란 35장 *Surah Fatir* 43절)

이것이 바로 우주가 자연적으로 창조되는 방식입니다.

보라, 모든 피조물이 알맞게 창조되었나니.(꾸란 54장 *Surah al-Qamar* 49절)

특정 조건에 따라 특정 결과를 가져오는 하나님의 생명 창조도 이런 보편 법칙 가운데 있습니다. 무슬림이건 아니건 어떤 사람이라도 올바른 방법이나 동기나 과정이나 상황이나 법칙(*Sunan*)을 따르지 않고서는 '운명의 베일'을 꿰뚫어 특정 결과에 이를 수 없습니다.

하나님께서 말씀하셨습니다.

'믿음을 지녔다' 말한다고 해서 시험에 들지 않고 벗어나리라 여기는가?(꾸란 29장 *Surah al-Ankabut* 2절)

이것은 바로 시련의 법칙, 혹은 이생에서 고난을 통해 사람들을 시험하는 것입니다. 어떤 사람이 '하나님을 믿으며 신앙심이 생겼다'고 말할 때, 하나님께서는 그 믿음을 이생에서의 시련으로써 시험하실 것이니 아무리 강한 의지나 결단력이 있는 사람이라도 이를 피할 수 없습니다. 이것이 바로 보편 법칙입니다.

또 다른 예로서는 변화에 대한 보편 법칙이 있습니다. 변화와 그 변화를 벗어나는 법칙이 진행되기 위해서는 적절한 시기와 과정이 필요하다는 말입니다. 하나님께서는 모든 사람들이 자신의 지식 역량에 따라 시간의 본질과 중요성을 인식할 수 있도록 창조하셨습니다. 하나님만이 시간에 얽매이지 않으십니다. 단도직입적으로 시간은 하나님께 적용되지 않습니다. 시간이란 인간의 현실일 뿐이어서, 목표를 이루는 데는 시간이 걸릴 것이라고 하나님께서 천명하셨습니다. 우리는 순식간에 세상을 바꿀 수 없으며, 심지어 우리 자신조차 한 번에 바꿀 수 없습니다. 그런 일은 결코 일어나지 않습니다. 여러분은 가능한 한 빨리 꾸란을 배우려 노력할 수 있지만, 그렇다고 일주일이나 한 달 새에 모든 꾸란을 외우려고 들면 안 됩니다. 한 달 안에 모든 것을 기억하려 하면 한 달 이내에 그 모든 것을 잊어버릴 것입니다. 우리는 필요한 시간을 갖고 하나님께서 정해 놓으신 법칙과 운명을 따라야만 합니다. 사실, 자신이나 주변 세계에 갑작스러운 변화를 꾀하는 사람들은 종종 실패와 절망에 빠질 가능성이 큽니다.

무슬림 법학자들은 다음의 격언을 전합니다.

"정해진 시간 이전에 무엇인가를 이루려고 서두르는 사람은 그것을 박탈당하는 처벌을 받게 될 것입니다."

다시 말해, 세상을 바꿀 만한 중요한 변화에는 시간이 필요하다는 사실을 무시한다면 기대하던 변화가 지연될 뿐 아니라 영원히 잃어버릴 수도 있습니다.

'운명의 베일' 중에서도 모든 무슬림들이 눈여겨보아야 할 점은 학자들이 '시간의 의무(Wajib al-Waqt)'라 부르는 내용입니다. 우리가 한평생 살아가는 동안 의무와 책임을 도맡아야 하는 각각의 몇몇 단계가 있습니다. 예를 들어, 결혼 자금 마련을 위해 많은 노력과 시간을 투자하는 단계가 있을 것이고, 어린 자녀나 연로하신 부모를 보살펴야 하는 단계가 있을 것입니다. 삶의 후반 들어 자식들이 성장하여 독립하면, 당신은 재정적으로는 안정적일 수 있겠지만 더 높은 목표를 이루거나 사회 봉사를 위해 열심히 일할 수도 있습니다. 다른 단계에서 '시간의 의무'는 지식 탐구를 위한 여행을 떠나거나, 혹은 하나님께서 막아 주시겠지만, 건강상 이유에 따른 긴 휴식 기간일 수도 있습니다. 이 모든 경우에 여러분은 '운명의 베일'을 뚫을 수 없습니다. 아프면 건강했을 때처럼 행동할 수 없으며, 70세가 되어 40세 때처럼 행동할 수는 없습니다!

　여기가 바로 하나님께로 향하는 길목에서 중요한 단계입니다. 여러분이 이 내용을 이해하는 한, 여러분은 '시간의 의무'를 늘 염두에 두어야만 합니다. 베푸시거나 거두시는 그 모두에 대한 하나님의 혜안을 믿어 '우주의 법칙'과 '운명의 베일'에 우리 자신을 맡겨야 합니다.

　하나님을 향한 경로에서 의무를 다하거나 새로운 페이지를 넘긴 후 경배와 헌신으로 주님께 향하는 일 역시 중요합니다. 꾸란에서는 선지자에게 이렇게 말했습니다.

> (고난에서)벗어났을 때 굳건함을 지켜 사랑과 헌신으로 주님께 집중할지니라.(꾸란 94장 *Surah al-Sharh* 7-8절)

　하물며 우리들이 헌신으로써 하나님께 의지할 때도 여전히 차근차근해야 합니다. 선지자의 말이 있습니다.

　"이 종교는 확고하니, 차근차근히 가십시오."[1]

　이 의미는 일상생활에서 종교를 받아들이는 일조차 점진적으로 이루어져야 함을 뜻합니다. 모든 이상과 규칙을

---

1) 알-바이하끼(al-Bayhaqi)에 의해 보고됨.

하루 만에 다 배우거나 실천할 수는 없습니다. 선지자의 교훈은 계속됩니다.

"탈 짐승에게 너무 가혹한 여행자는 목적지에 닿기도 전에 그 동물의 죽음을 보게 될 것입니다."

여러분의 결단력이나 열망이 강할지라도 여러분은 탈 짐승과도 같으니 똑같은 법칙을 적용시켜야만 합니다.

여기까지의 '지혜의 말씀'은 우리들에게 경외심과 희망 사이에서 균형을 맞추는 법을 가르쳐 주었고, 우리 의지와 신적 운명 사이, 또는 하나님의 길에서 나아가고자 하는 단계와 '운명의 베일' 사이의 균형을 지킬 수 있도록 가르칩니다. 이븐 아따아 선생께서 말했듯, 이 두 가지 균형 규칙이 우리 여행의 다음 단계로 나아가게 해 줄 것입니다.

# 세 번째 단계

## 하나님께 의지함

> 그 분께서 당신의 일을 보살피시니 걱정하지 마십시오.

**자비의 주님이시며 자애를 베푸시는 하나님 이름으로**

'하나님께 맡긴다'라는 의미의 타왁쿨(*Tawakkul*)은 꾸란에서도 여러 번 언급되는, 이슬람에서 매우 중요한 개념이지만 어느 인기 있는 수피 개념에서는 종종 오해되기도 하는 내용입니다. 이런 오해는 하나님께 대한 참된 이해를 방해하며, 종교적인 일과 세속적인 일 모두에서 실패를 가져오게 할 수 있습니다. 이런 현상은 하나님께 맡기는 일 '타왁쿨'이 냉담함 '타와아쿨(*Tawaakul*)'과 섞일 때 발생합니다. 역사 속 암울했던 시기에 스스로를 '수피'라 지칭하던 많은 사람들이 하나님께 의지한다는 명분으로 게으름이나 구걸 등등 (전통 아랍어로 '비탈라(*Bitala*)'라고 부르는)하잘 것 없는 생활방식을 골랐습니다. 이 같은 사상이 종교인들 사이에 퍼지면서 무슬림들의 공무는 가장 자격 없고 경건하지 못한 사람들에 의해 운영되었습니다. 그렇다면 우리는 어떻게 해야 제대로 하나님께 의지, 즉 '타왁쿨'할 수 있겠습니까? 이븐 아따아가 여기서 조언합니다.

"타드비르(*Tadbir*, 염려)를 내려놓으세요. 누군가 벌써 당신의 일을 보살폈습니다."

여기에서 타드비르(*Tadbir*)는 무엇을 의미할까요? 아랍어 타드비르는 행동의 결과에 대한 고려를 의미합니다. 그러므로 타드비르는 결과와 밀접하게 연관됩니다. 이븐 아따아는 여기에 대해 우리는 하나님을 따르고 신뢰하는 훈련을 해야 한다고 말합니다. 하나님 말씀입니다.

> 그대 행로를 결정할 때 하나님을 믿을 것이니, 그분께서 신뢰 바치는 이를 기꺼워하시리라.(꾸란 3장 *Surah al-Imran* 159절)
>
> 따라서 믿는 이들은 하나님을 신뢰할지니.(꾸란 3장 *Surah al-Imran* 160절)
>
> 그들이 대답하기를 저희는 하나님으로 충분함에, 얼마나 훌륭하게 지켜 주시는 분인가?(꾸란 3장 *Surah al-Imran* 173절)

자신의 일하는 방식에 대한 염려는 바람직합니다. 그러나 그 염려가 그 일의 종착지나 결과에 관한 것이라면, 그 모든 것은 어떠한 경우라도 하나님께 달려 있습니다. 믿는 이들은 목표 달성을 위해 노력하면서 결과는 하나님께 의지합니다.

하나님께서는 모든 주관하시는 분임에, 뉘라서 모든 존재

를 통제하실까?(꾸란 10장 *Surah Yunus* 31절)

우리는 이 꾸란 구절에서 제기한 질문을 염두에 두어야 할 것입니다. 하나님께서 모두를 주관하신다면, 우리는 방법을 선택할 뿐 결과는 하나님께 맡겨야 합니다. 선지자는 하나님께 의지한다는 의미가 무엇인지 우리에게 가르침을 주는 완벽한 예를 보여 주었습니다.

"여러분이 마땅히 하나님께 의지해야 할 만큼 스스로를 그분께 모두 맡긴다면, 아침에 허기져 일어났다가 해질 녘 부른 배로 돌아오는 새들을 돌보듯, 하나님께서 여러분에게 베풀어 주십니다."

우리는 마치 이 새들과 같습니다. 그리고 이 새들은 결코 한 나무의 가지에 앉아 먹이가 찾아오기만을 기다리지 않습니다! 먹이를 찾을 때까지 계속 이 나무에서 저 나무로 날아 다닙니다. 새의 움직임은 먹이를 찾아 최선을 다하는 일이지만, 먹이를 제공하는 배려는 하나님의 일입니다.

그러므로 우리는 방법을 선택할 뿐 결과는 하나님께 맡겨야 합니다. 그럼에도 일부의 사람들은 어떤 수단도 따르지 않습니다. 이들은 항상 마스지드 안에 머물면서 사람들에게 옷과 음식을 구걸하며 타드비르는 자신들 일이 아니라고 주장합니다. 이런 상황은 선지자 시절에도 있었습니다. 늘 마스지드 안에 머물며 하나님을 숭배하는 데 전념한다고 주장하는 한 남자에 대해 그의 형제가 그 삶을 돌봐준다는 말을 들은 선지자가 말했습니다.

"그의 형제가 그보다 더 낫습니다."

우마르 알-카따브(Umar b. al-Khattab)는 마스지드 안에 지내면서 "하나님께 맡긴다"고 주장하는 일부 사람들에게 유명한 말을 남겼습니다.

"하늘에서 금비나 은비는 내리지 않습니다."

필요한 모든 방법을 다 따랐는데도 성공할 수 없을 때 하나님께 의지하는 것은 바람직한 일입니다. 이럴 때, 이렇게 말하는 사람도 있을 겁니다.

"하나님, 저는 최선을 다했건만 어떻게 하면 좋겠습니까? 오직 하나님만을 믿을 수 있습니다."

때로는 하나님께서 사람들이 하나님께로 돌아가 그분을 의지하도록 성공을 내리시지 않거나 수단을 제거하실 때가 있음을 이해해야 합니다. 이 역시 하나님께서 베푸시는 값진 선물입니다.

마지막으로, 하나님께 의지한다는 건 오늘날 기획이나 타당성 조사, 시장 분석 등 활동과 모순되지 않습니다. 기획과 조직과 연구 활동 등은 성공을 위한 과정이기에 모두 하나님을 따르는 일부입니다. 예컨대 상업 프로젝트의 경우, 시장 파악을 위한 타당성 조사 후 하나님께 맡깁니다. 성공이라면 하나님 뜻이고 실패도 역시 하나님 뜻이니, 어느 경우도 미리 결과를 걱정할 필요가 없습니다.

사람들을 신앙의 길로 초대하거나 훌륭하게 경배를 추구하는 종교 문제에 있어서도 오직 최선을 다할 뿐 나중 일은 하나님께 남겨 두어야 합니다. 하나님 말씀입니다.

> 하나님께서 인도하는 사람은 따로 있으니, [선지자여]사람들을 올바른 길로 이끄는 건 그대 책임이 아니로다.(꾸란 2장 *Surah al-Baqarah* 272절)
>
> 그대가 사랑하는 모든 사람을 바른길로 인도할 수 없으니, 하나님께서 오직 원하는 이를 인도하심에, 인도받을 사람을 다 알고 계심이라.(꾸란 28장 *Surah al-Qasas* 56절)

이븐 아따아는 말합니다.

"다른 분이 당신의 일을 보살피니 걱정을 내려놓으세요."

여기서 '다른 분'은 곧 수단을 제공하시고 결과를 결정하시는 전능하신 분을 의미합니다.

# 네 번째 단계

## 하나님께 성실함

행동은 성실한 정신이 깃들 때만 생명을 얻는 조각상과도 같습니다.

### 자비의 주님이시며 자애를 베푸시는 하나님 이름으로

하나님께 대한 성실함은 믿음의 더 깊은 단계로, 자신을 하나님께 의탁하는 것보다 더욱 기본적인 요소입니다. 그러나 진정성에 대해 논하기 전에, 하나님께 얼마나 의지하며 그분의 자비를 바라는지 확인하는 일이 중요합니다. 하나님께 대한 순수한 성실함은 하나님의 은혜에 대한 굳건한 희망 없이는 민감하고 달성하기 어려운 일이기 때문입니다.

선지자 무함마드께서 말씀하셨습니다.

"성실함은 하나님께서 사랑하는 이들의 마음속에 심어 놓으신 하나님의 '비밀' 중 하나입니다."

하나님께 대한 성실함은 우리 여정의 필수 요소입니다. 이븐 아따아는 말했습니다.

"행동이란 성실의 영혼으로만 생명을 얻는 조각상과 같다."

우리의 행동과 육체에 비유하면, 성실함이 결여된 행동은 영혼 없는 육체와 같습니다. 말하자면, 그것은 마치 죽은 몸과 같은 것입니다.

성실함은 무엇을 의미할까요? 이는 여러분의 의도(니

야, *Niyyah*)와 목표(마끄시드, *Maqsid*))가 하나님께 정직하고 진실하다는 것을 의미합니다. 선지자는 말씀하셨습니다.

"행동은 의도한 바를 따를 것이니, 사람들은 그들 의도에 따라 결과를 얻을 것입니다. 하나님과 선지자를 따르기 위해 이주[히즈라]하는 것이라면 그 목적을 달성할 것이고, 세속적인 이득이나 결혼을 목적으로 이주하는 것이라면 그 역시 그대로 이루어질 것입니다."[1]

하디스(*Hadith*, 선지자 언행록)는 선지자와 함께 마카에서 마디나로 향한 두 건의 이주[히즈라]를 언급합니다. 일부 사람들은 비즈니스나 결혼 같은 개인적 이유로 선지자와 함께 히즈라했으며, 그들은 자신의 의도에 따라 보상받게 될 것입니다. 그러나 오직 하나님을 위해, 그리고 그러한 목적으로 선지자와 함께 이주한 동료들에게는 그들 의도에 따라 보상이 주어질 것입니다. 실제, 하나님은 꾸란에서 이들에 대한 보상을 구체적으로 언급하셨습니다.

(마디나로)이주한 사람들, 그곳에서 지원한 사람들, 그리고 올바른 길을 따른 사람들은 가장 중요함에, 하나님께서 이

---

1) 부카리와 무슬림에 의해 전해짐.

들을 기뻐하시고 이들 또한 하나님과 함께 기뻐할 것이리라. 하나님은 이들을 위해 물이 흐르는 정원을 마련하셨으니, 그곳에서 그들은 영원히 살 것이리니. 이야말로 최고의 승리이로다.(꾸란 9장 *Surah al-Tawbah* 100절)

순수한 의도를 유지하는 일은 매우 중요합니다. 그러한 의도가 결여된 예배는 하나님을 위한 것이 아니라, 다른 사람들에게 어떤 인상을 주기 위한 쇼에 불과합니다. 다른 사람들의 시선을 의식하여 드리는 예배는 하나님께서 금하신 위선이며, 우상 숭배의 일환이기도 합니다. 하나님은 위선자들을 이렇게 묘사하십니다.

위선자들은 하나님을 기만하려 하지만, 결국 그들 자신을 속이게 됨에, 그들은 예배를 드리는 척하면서도 사람들의 눈에 띄고 칭찬을 받기 위한 것이지, 하나님께 대한 진정한 열망은 거의 없구나.(꾸란 4장 *Surah an-Nisa* 142절)
내세에서 형벌과 비난받을 자, 오직 자신을 드러내 보임과 칭송을 바라는 자들이라 하나님께서 말씀하시도다.(꾸란 107장 *Surah al-Maun* 6-7절)

모든 행위는 하나님께 기쁨을 드리고자 하는 순수한

의도로 이루어져야 합니다. 우리는 늘 무슨 이유로 이 일을 하고, 무엇 때문에 자선 활동을 주도하며 성지 순례에 참여하고, 사람들을 돕고자 하며, 하나님의 말씀을 읽고 예배를 드리는지 스스로에게 물어 봐야 합니다.

이러한 성실함을 통해 우리는 일상 습관을 보상받는 예배 행위로 전환할 수 있습니다. 먹고 마시며, 결혼하고 여행을 떠나거나, 사고 파는 모든 행위와 습관이 우리에게 보상을 주는 경배 행위로 변할 수 있습니다.

예를 들어, 누구나 배고픔을 달래기 위해 식사를 하지만 진실된 목적 의식을 가지면 그 식사 자체가 하나님께 대한 경배이자 보상을 받는 행위가 됩니다. 사람들은 자신을 잘 드러내 보이기 위해 화려하게 차려 입을 수 있습니다. 그러나 하나님께 감사하는 마음을 가지고 겸손함을 유지하며 타인에게 기쁨을 주고자 하는 등의 또 다른 의도일 수도 있습니다. 오로지 급여를 목적으로 일할 수도 있지만 자선을 베풀기 위해, 성지를 순례하고 가족을 돌보는 등의 목적으로 일할 수도 있습니다.

이 모든 행위가 참되고 진실한 목적을 가지고 있다면, 우리의 일상을 경배의 행위로 바꿔 하나님을 향한 영적 여정에 활력을 불어넣을 수 있습니다. 그들 중에는 정해진 예배에 참석하고, 일정한 구빈세를 내며, 정해진 경배만 지키면서 하나님을 향한 여정을 시작하려 하는데, 만약 일상의 습관을 추가적인 경배 행위로 전환하는 방법을 익힌다면 그 여정을 훨씬 더 신속하게 진행할 수 있을 것입니다.

어느 날, 수피 이맘이 학생들과 함께 있을 때 누군가 문을 두드리는 소리를 들었습니다. 문이 열리기 전에 이맘은 학생들에게 자신이 예상하는 몇 가지 진심이 담긴 의도를 이야기했습니다.

"문이 열려 가난한 이가 찾았으면 자선을 베풀고, 도움을 청하는 이에게는 도움을 주며, 길 잃은 이에게는 길을 안내하고, 어린이가 있다면 상냥하게 대하며, 노인이 오면 존경을 표하고, 학생이라면 가르침을 주듯 문을 여는 단순한 행위일지라도 (순수한 마음가짐에 따라)다양한 경배 행위가 될 수 있다."

이븐 아따아가 말했습니다.

"행동이란 마치 성실한 정신으로만 생명을 얻는 조각상과도 같습니다."

그러므로 우리가 항상 성실할 수 있도록 도와주시고, 우리의 습관을 경배하는 행위로 변화시킬 수 있도록 인도해 주시며, 우리의 삶을 오롯이 하나님께 헌신할 수 있도록 기도합시다.

> 저의 예배와 경배와 죽음과 삶 모두는 오직 온 세상의 주님
> 이신 하나님만을 위함입니다. 하나님께는 동료가 없음에,
> 제가 받은 명령은 종복들 중에 가장 우선될 것입니다.(꾸란
> 6장 *Surah al-Anam* 162-163절)

# 다섯 번째 단계

## 성찰

이름 없는 땅에 자신을 묻으십시오. 땅속에 묻히지 않은 씨앗은 자랄 수 없습니다.

마음이 홀로 남겨져 성찰할 수 있음보다 더 좋은 것은 없습니다.

**자비의 주님이시며 자애를 베푸시는 하나님 이름으로**

여정의 다음 단계는 우리가 지금까지 논의해 온 하나님께 대한 뉘우침, 경외심, 희망, 의지, 그리고 성실함에 대한 더 깊은 이해와 강한 마음을 개발하여 그분의 뜻을 느끼는 것입니다. 이븐 아따아는 성찰을 통해 이러한 단계에 도달할 수 있다고 말합니다. 성찰은 우리의 영성을 깨워 하나님께 향한 길을 돋우는 놀라운 형태의 경배입니다. 선지자는 말씀하셨습니다.

"한 시간의 성찰은 60년간의 예배보다 낫습니다."

이 하디스는 권위적 측면에서는 '약할'지라도 그 의미는 분명합니다. 한 시간 동안 하나님과 그분의 창조에 대해 성찰한다면, 실제로는 영혼의 빛과 참된 감정을 통해 얻은 깊은 지식으로 하나님께 경의를 표하는 행위입니다.

> 하늘과 땅의 창조, 그리고 밤낮의 교차에는 통찰력 있는 이들을 위한 메시지가 담겨 있음에. 앉으나 서나 잠자리에 들 때나 하나님을 생각하며 천지창조를 묵상하니, '주님께서는 결코 헛되이 창조하시지 않았습니다. 영광이 당신께 있으니 저희를 불의의 고통으로부터 보호해 주소서'라고 하도다.(꾸란 3장 *Surah al-Imran* 190-191절)

통찰력을 가진 이들은 하늘과 땅의 창조, 그리고 낮과 밤이 바뀌는 순환에 대해 숙고합니다. 많은 이들이 우주에 관한 지식으로 넘쳐나지만, 그들의 가슴에는 감정이 부족합니다. 하지만 우주를 진심으로 성찰하는 이는 그 우주의 창조주를 마음속에 간직합니다. 하늘과 땅을 창조하신 분의 위대함을 묵상하며 하늘과 땅을 바라봅니다. 이러한 성찰은 결국 사람들로 하여금 다음과 같이 말하게 만듭니다.

"하나님께서 의미와 목적 없이 창조하신 것이 아니라."

성찰은 하나님께 대한 경외심을 일으키는 데에도 기여합니다.

> 하늘에서 내려온 물로 인해 산처럼 다채로운 색깔의 열매들이 맺히는 것을 모르고, 빨간색과 흰색 줄무늬, 그리고 까마귀처럼 검은색이 섞인 다채로운 색상의 열매들이 자라서 사람들과 짐승, 가축들에게 공급하는 것을 모르는가? 지식이 있는 이만이 하나님을 경외하나니, 이로써 진실함을 깨닫게 되리라.(꾸란 35장 *Surah Fatir* 28절)

'지혜의 말씀'에서 이븐 아따아는 성찰을 돕는 익명성과 은둔의 유지를 지적합니다. 익명성과 은둔은 참된 이슬람 정신과 목표에서 어긋나는 수피즘이라고 사람들이 오해

하는 개념입니다.

여기서 익명성을 위해 사용된 아랍어 '쿠물(*Khumul*)'
은 게으름을 의미하기도 합니다. 이븐 아따아는 이를 명성
으로부터의 모호한 상태로 설명합니다. 이 상태는 한 사람
이 사람들로부터 무기한이 아니라, 일정 기간 은둔함으로
써 달성됩니다. 세상과의 고립을 하나님께 대한 헌신으로
여기는 수도원적 은둔은 교리에 어긋납니다. 선지자 무함
마드는 명확히 말씀하셨습니다.

"이슬람에 수도 생활(monasticism)은 없습니다."

그리고 말씀하셨습니다.

"사람들과의 교류 중 그들로부터 해를 입을 때 인내하
는 신자는, 사람들과 어울리지 않아 해를 입을 일 없는 무
슬림보다 더 우월합니다."[1]

정상적인 신자는 사람들과 교류하며 일하고, 결혼하
며, 친척과 이웃을 방문하고, 선을 권장하여 악을 금지하
고, 친구를 사귀는 등의 일상을 살면서 성찰을 위해 때때로
잠시 은둔하기도 합니다.

이븐 아따아가 제안한 은둔이 정말로 이슬람 방식에

---

1) 알-바이하키(al-Bayhaqi)에 의해 전해짐.

부합하는 것인지, 그리고 이에 대한 증거가 선지자의 언행록에 있는지, 아니면 참된 신앙처럼 새롭게 창조한 것인지에 대한 의문이 생길 수 있습니다.

은둔에 대한 근거는 계시 이전과 이후에 '히라(Hirah)' 동굴에서 드린 예배와 라마단 달의 단식 기간, 그리고 다른 기간에 마스지드에서 밤새워 드리는 '이티카프(*Itikaf*)' 예배 과정에서 찾을 수 있습니다. 또한, 선지자께서는 매년 라마단 달에 10일간 마스지드에서 홀로 '이티카프'를 수행하셨고, 세상을 떠나시는 해에는 20일간 머무르셨다고 전해집니다.

아이샤가 전한 바에 따르면, 선지자께서는 생전 마지막까지 라마단 달의 마지막 열흘 동안 밤에 이티카프 예배를 드렸으며, 선지자께서 돌아가신 후에도 그의 가족들이 계속 이어갔다고 합니다. 또한, 그녀는 선지자께서는 샤우왈(*Shawwal*) 달에 20일 동안 밤에 이티카프 예배를 드린 적이 있다고 전했습니다.

여기서 이븐 아따아는 밤 예배, 이티카프의 선지자적 전통과 창조의 신성한 보편 법칙을 연결합니다. 모든 생명체는 식물이나 동물, 새들, 심지어 인간까지도 만들어지고 자라기 전에는 어둠 속에서 격리되는 시간을 거쳐야 합니다. 땅속 씨앗이나 자궁 속 배아는 외부 요인으로부터 격리되어 자라나야만 합니다.

어둠 속 땅에 심겨진 씨앗은 뿌리와 줄기가 자라기 시작할 때까지 영양과 물을 공급받습니다. 이 과정을 통해 식물은 토양을 뚫고 지상으로 나올 준비를 합니다. 태아 역시 마찬가지로 어머니의 자궁 속 어둠에서 뼈, 장기, 신경이 형성될 때까지 성장하며, 준비가 되면 외부 환경에 적응할 수 있는 생명체로 태어납니다.

마음이나 영혼이 깨달음에 이르기 위해 때로는 마스지드나 사람들로부터 격리된 장소에서 은둔이 필요합니다. 이러한 상태에 도달하면 우리 마음은 우주의 조물주에게, 피조물에서 창조주에게, 그리고 징표와 법칙, 종교 의식을 넘어 의미 있고 지혜로운 더 높은 목표의 세계로 나아갈 수 있습니다. 일시적 격리는 우리를 하나님과의 진정한 연결고리와 믿음의 순수함으로 인도할 수 있습니다. 그렇지 못할 경우, 이븐 아따아의 말처럼 우리의 믿음은 땅에 묻히지 않은 씨앗과 같아 결코 성장하지 못하게 됩니다. 이것은 아무도 바꿀 수 없고 무시할 수 없는 보편 법칙입니다.

은거를 통한 성찰은 여러 가지 이점을 가지고 있습니다. 그중 하나는 악담이나 험담과 같은 죄를 피하는 데 도움이 되며, 또 다른 이점으로는 종복의 혀를 파괴적인 부도덕에서 보호하도록 훈련시키는 것입니다.

무엇보다 먼저, 인간에게는 늘 논쟁거리가 주어지는 도다.(꾸란 18장 *Surah al-Kahf* 54절)

은거는 사람들 또는 사람들의 말에 얽매이지 않고 자신의 목표와 의도를 명확히 하는 훈련입니다. 과시욕이란 혼자 있을 때에도 가슴속에 스며들 수 있지만 말입니다. 이븐 아따아는 말했습니다.

"사람들이 보지 않는 곳에서도 당신 안에 과시욕이 스며들 수 있다."

이는 혼자 있을 때조차 타인의 평가에 집착하는 상황을 의미합니다.

가끔 우리는 마음의 일을 잊고 육체의 일에만 집중합니다. 이는 마음을 경직시켜 태만을 초래하며, 하나님을 향한 여정에서 장애와 난관을 가져옵니다. 하지만 선생께서 여기서 제안하는 '성찰을 위한 은거'는 마음을 빛나게 합니다.

"성찰의 상태로 들어가게 하는 은거보다 마음에 좋은 것은 없다."

# 여섯 번째 단계

# 빛나기 앞서 정화하기

**마**음속 거울이 물욕으로 덮여 있는데 어떻게 빛을 발할 수 있
겠습니까?

욕망에 얽매인 마음으로 어떻게 하나님을 향한 여정을 떠날 수 있
겠습니까?

태만으로부터 마음을 씻어 내지 않으면서도 신성함에 들기를 바
란답니까?

**자비의 주님이시며 자애를 베푸시는 하나님 이름으로**

성찰은 믿는 이들의 마음에 신앙의 빛을 비춥니다. 그럼에도 마음은 거울과도 같아, 이븐 아따아는 빛나기 전에 반드시 '깨끗'해야 한다고 설명합니다. 그는 말합니다.

"마음을 성찰 상태로 이끄는 은둔은 그 어떤 것보다도 유익합니다. 만약 마음이 물욕으로 가득 차 있다면, 그 마음의 거울이 어떻게 빛날 수 있겠습니까? 욕망에 젖은 마음이 어떻게 하나님께 나아갈 수 있겠습니까? 태만을 씻어 내지 않고 어떻게 신성함에 들기를 바랄 수 있습니까?"

다시 말해, 마음을 미덕의 빛으로 아름답게 꾸미기 전에 먼저 결점을 정화해야 한다는 것입니다. 여기서 이븐 아따아는 물욕, 정염, 태만이라는 세 결점을 언급합니다.

이븐 아따아는 물욕에 사로잡혀 있는데 어떻게 마음의 거울이 빛날 수 있을지 묻습니다. 수피 이슬람에서는 하나님을 가리키는 또 다른 용어로 '다름, 즉 알-아그야르(*al-Aghyar*)'를 사용합니다. 물질적인 것이나 세속적인 목적, 심지어 사람들까지도 마음에 새겨질 때, 그것은 거울에 새겨진 그림처럼 우리 행동에 반영됩니다. 이는 '다름'으로 가득 찬 우리 마음속이 그 상태에 머무는 한 빛날 수 없음을 보여 주는 아름다운 비유입니다.

그렇다고 해서 우리가 물질 세계나 가족, 재산, 경력 등을 완전히 무시해야 한다는 의미는 아닙니다. 문제는 우리 마음속 깊은 곳에 가장 관심을 기울이고 주의를 집중하는 것이 무엇인지에 달려 있습니다. 광명이 비치는 순수한 마음일까요?

> 하나님은 하늘과 땅의 빛이시니. 그분의 빛은 벽감(niche)[1] 에 놓인 등불과 같고, 그 등불은 유리 안에 있으며, 그 유리 는 별처럼 빛납니다. 동쪽도 서쪽도 아닌,[2] 축복받은 올리 브 나무에서 비롯된 빛, 올리브나무의 기름은 불길이 닿지 않았어도 형형하게 빛을 발합니다. 빛 위의 빛이로다! 하나 님은 원하시는 이들을 그분의 빛으로 인도하시며, 그들에 게 비유를 베푸시니, 모든 것을 아시는 분이시라. 하나님께 서 세우도록 허락하신 집에서는 아침저녁으로 그분 이름이 언급되고 그분의 찬양이 선포되노라.(꾸란 24장 *Surah an-Nur* 35-36절)

---

1) 서양 건축에서 벽이나 기둥 등의 수직면을 움푹하게 뚫어 조각상이나 꽃병, 등불 등을 놓아 장식하는 건축 양식.(옮긴이 주)

2) 특정한 위치에 제한되지 않는 보편적이고 고유한 특징을 의미한다.(옮긴이 주)

하나님의 집과 예배 장소에서 이루어지는 성찰과 은둔은 신자들의 마음에 신성한 빛을 발산하게 합니다. 그리고 빛은 자연스럽게 어둠을 거둘 것입니다.

이븐 아따아가 지적한 두 번째 결함은 '욕망'이었습니다. 이븐 아따아는 질문합니다.

"욕망에 젖은 마음으로 어떻게 하나님께 나아갈 수 있겠는가?"

다시 말하지만, 이것은 모든 욕망이 악하다는 의미가 아닙니다! 이슬람은 욕망을 반대하지 않으며 실제 금지하지도 않습니다. 다만 조절이 중요합니다.

하나님께서는 우리 안에 욕망을 창조하시고 그것을 전적으로 표출하는 일을 금하지 않으셨습니다. 타고난 인간의 본능과 욕망을 완전히 억제할 수 없다는 것은 보편 법칙입니다. 다른 신념 체계와 달리 이슬람에서는 본성적 욕구를 금하거나 거부하는 일을 미덕으로 여기지 않습니다. 금지되는 것이 있다면, 그것은 특정 상황에서 나타나는 특정 욕망의 표현일 뿐입니다.

하나님께서는 식사, 해갈, 부부관계, 대화, 웃음, 노래 부르기, 음악 감상 등 우리들 본성적 특성으로 만들어진 활동을 금하지 않으셨습니다. 그러나 이슬람은 이러한 활동

들은 윤리적으로 규제되어야 하며, 과식이나 과음은 금지
되고, 진실만을 말하며, 타인에게 해를 끼치지 않아야 하
고, 부부 관계는 결혼을 통해서만 이루어져야 합니다.

그러나 한계 상태에서는 명상과 성찰이 욕망과 혼합되
어서는 안 됩니다. 법적으로 허용되는 경우라 할지라도 마
찬가지입니다. 하나님께서 말씀하셨습니다.

> 예배당에서 명상할 때 피부가 서로 닿지 않도록 할 것임에.
> 이것은 하나님이 정한 경계이니. 서로에게 불쾌감을 주지
> 않도록 하라.(꾸란 2장 *Surah al-Baqarah* 187절)

이 내용은 이티카프(마스지드에서의 은거)에 관한 판결
중 하나이며, 해당 꾸란 구절은 이티카프의 합법성에 대한
이슬람 법의 근거이기도 합니다. 선지자의 전승에 따르면,
매년 라마단 달의 마지막 10일 동안 밤 예배, 이티카프를
실시했다는 기록이 있습니다. 선지자는 라마단 달이 아닌
다른 달에도 이티카프를 수행했다고 알려져 있습니다. 따
라서 이티카프는 라마단에만 한정되지 않고, 다른 달에도
수행되는 선지자 전승의 일부입니다.

이슬람에서는 일반적으로 마음의 빛이 욕망과 모순되
지 않는다고 봅니다. 욕망이 마음을 흐트러뜨리거나 가려

서 하나님께 나아갈 수 없게 될 때에만 모순이 발생합니다.

하나님께서 말씀하셨습니다.

하나님은 그분의 자애로써 너희가 돌아오기를 원하시나, 그저 자신의 욕망만을 따르는 자들은 너희가 바른 길에서 멀리 떨어지길 원한다.(꾸란 4장 *Surah an-Nisa* 27절)

이븐 아따아가 지적한 세 번째 결함은 태만입니다. 이븐 아따아는 묻습니다.

"태만을 마음에서 씻어내지 않고도 신성에 이르기를 바라십니까?"

꾸란에 따르면 하나님의 임재는, 영광이 깃드소서, 하나님께서 결코 부재하지 않으시면서 사람들과 '함께'하신다는 의미로 해석됩니다. 하나님께서 말씀하십니다.

보라, 하나님께서 믿는 이들과 함께하시니!(꾸란 8장 *Surah al-Anfal* 19절)

보라, 하나님께서 그대와 함께하시니, 결국 그대는 최상으로 이르게 될 것이며, 그대 선행을 헛되이 하지 않으실 것이다.(꾸란 47장 *Surah Muhammad* 35절)

하나님께서는 그분을 의식하는 이와 함께 계심을 알라.(꾸

란 9장 *Surah al-Tawbah* 36절)

역경을 견딜 것이니, 하나님은 역경에 맞서는 이들과 함께
계시다.(꾸란 8장 *Surah al-Anfal* 46절)

하나님께서는 그분을 의식하고 또한 선을 행하는 이들과
함께 계시다.(꾸란 16장 *Surah an-Nahl* 128절)

믿음으로 선행을 이끌고 하나님께 대한 인식으로 인내
하는 모든 사람은 언제나 하나님 앞에서 하나님과 함께합
니다.

문제는 하나님의 임재를 느끼거나 추구하는 사람들에
게 방해가 되는 요소가 무엇인가 하는 것입니다. 이븐 아따
아는 하나님을 기억해야 할 사명을 잊거나 소홀히 하는 일
은 우리가 하나님께 용서를 구해야 할 바라고 말합니다. 하
나님을 기억하는 일은 마음을 정화하는 일입니다.

무슬림이라면 누구나 시간을 내어 하나님을 생각하는
데에 헌신해야 합니다. 시간이 없다고 말하지 마십시오! 어
떤 상황이나 조건에서도 하나님을 생각할 수 있으므로 그
런 변명은 통하지 않습니다. 혼자서 하나님을 생각한다면
단지 반 시간이나 한 시간만으로도 마음에 유익한 변화를
줄 수 있습니다. 그러므로 이븐 아따아는 다음과 같은 지혜

의 말을 전합니다.

"시간이 주어질 때까지 선행을 미루는 일은 미성숙한 영혼의 징표입니다."

선지자가 하나님께 간구한 기도처럼 우리는 천지의 빛을 간구합니다.

"우리 위에, 우리 아래에, 우리 앞에, 우리 뒤에, 우리 오른쪽에, 우리 왼쪽에, 그리고 우리 마음속에 빛을 허락하시고, 우리를 빛의 원천으로 삼아 주소서."

# 일곱 번째 단계

# 시간 관리

시간이 날 때까지 선행을 미루는 것은 성숙하지 못한 영혼의 표시입니다.

**자비의 주님이시며 자애를 베푸시는 하나님 이름으로**

우리는 때로 계획했던 선행을 뒤로 미루며 말합니다.

"내일, 다음 주, 다음 달, 아니면 다음 라마단에 할 거야. 결혼 후에 할 거야. 승진하면 할 거야. 나이 들어서 할 거야. 날씨가 좋아지면 할 거야."

이븐 아따아(Ibn Ata)는 이런 태도를 '미성숙한 영혼의 징표'라고 표현했습니다.

선행을 베푸는 일은 시간과 무관합니다. 다만 우선순위의 문제입니다. 사람들은 매일 아침 정해진 시간에 집을 나서 주어진 일을 하는데, 대개는 중요한 일을 먼저 처리한 후 나머지를 완료합니다.

> 하나님은 어떤 사람에게도 그의 능력 이상의 부담을 지우지 않으시노라. (꾸란 2장 *Surah al-Baqarah* 286절)

이슬람 법에 따르면, 예배를 마칠 시간이 약 5분가량 남았는데, 중요한 일이 생기면 예배를 계속하여 마무리하는 것이 의무입니다. 그러나 예배를 계속함으로써 큰 피해가 예상되는 경우, 예를 들어 아이가 계단에서 구른다거나 장애인이 길을 건너는 상황이라면, 먼저 그 피해를 막은 후 예배를 계속할 의무가 있습니다. 이슬람 법에서는 이를 '피끄 알-아울라위야(*Fiqh al-Awlawiyyat*)', 즉 '우선순위에 관한 지식'이라고 합니다.

하나님의 길에서 선행을 행하는 데 있어 우선순위를 핑계로 미루어서는 안 됩니다. 미루는 행위에 관한 내용은 선지자의 언행록인 '하디스'에 기록되어 있습니다. 선지자께서 말씀하셨습니다.

"지옥에서 고통받는 이들 대부분은 게으름 때문일 것입니다."

이 특별한 하디스가 비록 그 '권위'를 인정받지는 못하지만, 그 내용은 신뢰할 수 있습니다. 하나님께서 말씀하셨습니다.

내세를 믿지 않는 자들은 자신에게 거짓을 계속 말하다가, 죽음이 임박했을 때 기도하며 '저희를 보살피시는 분이여, 저희에게 다시 삶을 주신다면, 등한시했던 일을 바르게 하겠습니다!'라 할 것이나. 아니로다.(꾸란 23장 *Surah al-Muminun* 99-100절)

일을 미루는 것은 용납될 수 없는 일이며, 결국 후회하게 될 것입니다. 무슬림들은 시간 관리를 잘하여 현세에서 주어진 시간을 최대한 잘 활용해야 합니다.

우리에게는 거의 모든 것을 할 수 있는 충분한 시간이 있습니다. 시간을 잘 계획하고 관리한다면, 하나님께서 우리의 시간과 노력을 축복해 주실 것입니다. 시간 관리는 일상적 업무뿐 아니라 영적 삶에서도 중요합니다. 매일 아침 꾸란 구절을 낭송하거나 기도 드리는 일, 아니면 출근길에 운전하거나 대중교통을 이용하면서 꾸란을 암송하거나 듣는 일, 혹은 그저 하나님을 생각하며 반성하는 습관을 기르는 일도 포함됩니다. 저는 개인적으로 버스나 기차로 출퇴근하면서 꾸란을 전부 암기한 많은 이들을 알고 있습니다. 평균적으로 매일 1시간 30분을 할애하면, 2년 안에 꾸란을 전부 암기할 수 있습니다.

유럽 사람들은 대체로 버스나 지하철에서 신문이나 책을 읽곤 합니다. 런던에서 5년간 살면서 대중교통이 얼마나 조용했는지 기억합니다. 매우 붐비는 곳에서도 대부분 무언가를 읽거나 생각에 잠겨 있어 조용했습니다. 심지어 기차 속에 서 있을 때조차도 말이죠! 영적 여정을 추구하는 이들은 시간을 최대한 활용해야 합니다.

믿는 이들은 자신의 우선순위를 바로잡고 가장 중요한 일부터 시작해야 합니다. 이슬람 법의 우선순위 체계에 따

르면, 타인의 권리는 학자들이 말하는 '하나님의 권리'보다
더 높은 우선순위를 가집니다. 타인에 대한 책임이 순수한
예배 행위보다 우선되어야 한다는 것을 의미합니다. 그러
나 이것이 우리가 '하나님의 권리'를 소홀히 해도 괜찮다는
의미는 아닙니다. 우리는 시간 관리를 통해 다른 사람의 권
리와 하나님의 권리 사이의 균형을 맞추기 위해 노력해야
합니다.

# 여덟 번째 단계

## 시험 견디기

**세**상 살아가면서 어려움에 직면하더라도 놀랄 필요는 없습니다. 놀라움은 단지 여러분의 정체성과 내면을 드러내는 일에 불과합니다.

**자비의 주님이시며 자애를 베푸시는 하나님 이름으로**

하나님의 종복이 뉘우침으로 의지를 다지고 순수한 목적으로 그분을 반영하며 시간을 가치 있게 보낸다면, 신앙의 빛이 마음에 비추어 하나님을 향한 여정을 더욱 가까이 이끌 것입니다. 이븐 아따아는 말했습니다.

"여러분과 하나님 사이에 여행할 실제 거리가 있는 것은 아니며, 여러분과 그분 사이의 연결이 끊어진 게 아니어서 여러분이 그것을 바로잡아야 하는 것도 아닙니다."

선지자 무함마드는 하나님의 말씀을 전하였습니다.

"종복이 내가 그를 사랑할 때까지 부단한 노력으로 다가올지니. 내가 그를 사랑할 때, 나는 그가 듣는 귀요, 그가 보는 눈이요, 마주치는 손과 걷는 발이라. 바라면 줄 것이요, 피난처를 구하면 허락하리라."[1]

"종복이 나에게 한 뼘 다가온다면, 나는 한 팔 다가갈 테요, 그가 한 팔 다가오면 더욱 가까이 가리니. 그가 걸어오면 나는 달려가리라."[2]

---

1) 알-바이하끼(al-Bukhari)가 전함.
2) 알-부카리(al-Bukhari)와 무슬림(Muslim)이 전함.

그러나 하나님께서 누군가를 사랑하실 때, 그 사람을 이 세상의 시련으로 시험하시는 일은 하나님의 일관된 보편 법칙 중 하나입니다. 하나님께서는 말씀하셨습니다.

믿음을 주장하면 시험이 없을 것이라고 여기는가?(꾸란 29장 *Surah al-Ankabut* 2절)

주장하는 믿음은 반드시 시험받아야 합니다. 하나님께서 말씀하셨습니다.

역경을 인내하며 나의 길에서 노력한 모든 이들은, 그들의 주장을 가늠하기 위한 시험을 거치리라.(꾸란 47장 *Surah Muhammad* 31절)

시험의 종류가 어떠하건 응답은 일관되어야 합니다.

위험과 굶주림, 재산과 생명의 손실로 그대들을 시험할지니 인내하며 경건을 지킬 것임에. 그리하여 역경을 견디는 이들에게 기쁜 소식을 전하도록 하라.(꾸란 2장 *Surah al-Baqarah* 155절)

그대의 인격과 소유물에 대한 시험을 받게 될 것이며, 그대의 시대 이전에 계시받은 자들과 하나님 이외의 다른 존재들에게 신성을 부여하는 자들로부터 상처받을 것이나, 역경 속에서도 인내와 경건함을 유지한다면, 마음을 안정시킬 수 있으리라.(꾸란 3장 *Surah al-Imran* 186절)

하나님께서는 세속적 삶의 가치가 크지 않다고 말씀하셨습니다. 그러므로 하나님께서 세속적 삶 또는 그 일부를 회수하시고, 회개로 인도하여 자비와 낙원이라는 보상을 주신다면, 그것은 얼마나 위대한 선물일까요?

선지자는 전했습니다.

"가장 엄격한 시험을 받는 이들은 선지자들이고, 그 다음은 더욱 더 선한 사람들, 그리고 그 다음은 그보다 덜한 사람들입니다. 사람들은 하나님께 드리는 헌신의 정도에 따라 시험받게 됩니다."[3]

이러한 이유로, 인생이 난관과 도전으로 가득 차 있음에도 불구하고, 놀라거나 이유를 묻지 않아야 합니다. 이는 이븐 아따아가 우리에게 던진 다음 질문과 같습니다.

"이 세상의 이름은 무엇입니까?"

그의 대답은 바로 '낮은 세속적 삶'을 뜻하는 아랍어

---

3) 이븐 힙반(Ibn Hibban)이 전함.

'알-둔야(*al-Dunyah*)입니다.

그러므로 어려운 상황이나 불쾌한 사건, 치명적 결과가 드러난다 하더라도 놀랄 일은 아닙니다. 이것들은 낮은 세속적 삶의 본질과 특성에서 비롯되었기 때문입니다.

세속적 삶의 본질을 받아들이는 일은 종복들에게 기본적인 미덕을 부여하며, 인내와 시련은 하나님을 향한 여정에서 매우 중요한 정거장이 됩니다. 앞서 언급했듯이 인내는 종복들을 하나님께 인도하는 특성입니다.

> 하나님께서는 역경에 인내하는 이들과 함께 계시리라.(꾸란 2장 *Surah al-Baqarah* 153절)

그러므로 우리가 하나님 곁에 있을 때에는 어떤 걱정도 할 필요가 없습니다.

인내심은 크게 세 가지 유형으로 나뉩니다.

① 선을 추구하는 인내

② 악을 피하는 인내

③ 시련을 견디는 인내

선을 추구하는 인내는 자신의 한계를 넘지 않는 한 꾸준히 선을 행하는 것을 의미합니다. 하나님께서 말씀하셨습니다.

하나님은 종교와 관련된 일에서 어떠한 어려움도 두지 않으셨도다.(꾸란 22장 *Surah al-Hajj* 78절)

길을 걸어가는 노인을 본 선지자가 교우들에게 물었을 때, 교우들은 그 노인이 '카아바'까지 걸어가겠노라 맹세했다고 전했습니다. 선지자는 말씀하셨습니다.

"하나님께서는 저 노인이 자신을 괴롭히는 것을 원치 않으십니다."

그러면서 노인에게 '카아바'까지 탈것을 이용하라고 권했습니다.[4] 자신을 괴롭히거나 해치는 것은 '인내'가 아닙니다.

악을 피하는 데 있어 인내는 하나님께서 금지하신 행위를 하지 않음을 의미합니다. 이에 대한 예는 선지자 유숩(요셉)이 받은 시험으로, 꾸란에서 찾아 볼 수 있습니다.

정욕을 품은 여인이 유혹하고자 문을 닫고 말했음에 '여기로 오세요.' 유숩(요셉)은 대답했습니다. '하나님의 보호를 바랍니다.'(꾸란 12장 *Surah Yusuf* 23절)

---

4) 알-나사이(al-Nasai)가 전함.

육체적 욕망에 대한 인내에는 큰 보상이 따릅니다. 선지자는 말했습니다.

"하나님의 그늘막 외에 어떤 그늘막도 없는 날, 그 그늘막 아래로 들어가는 일곱 사람 중 한 명은 절세미인의 간통 유혹을 거절하며 '나는 하나님을 두려워한다'고 말하는 사람입니다."[5]

인내심에 대한 하나님의 시험은 여러 형태로 다가오지만 모두 자제를 의미합니다. 하나님의 시험에 대한 가장 기본적인 인내는 악을 피하는 것이며, 다음 단계는 불평하는 말을 삼가는 것이고, 마침내 최고의 수준은 마음속으로도 불평하지 않는 것입니다.

악행을 멀리하는 것은 마음을 정화시키는 전제 조건입니다. 하나님께서는 위선자에 대하여 말씀하셨습니다.

그들을 고난으로써 시험하였으나, 그들은 보살피는 분께 복종하지도 스스로에게 겸손하지도 않음이라.(꾸란 23장 *Surah al-Muminun* 76절)

어려움에 직면했을 때, 회개를 통해 하나님께 순종하

---

5) 부카리와 무슬림이 전함.

거나 시험에 실패하여 죄를 짓는 갈림길에 서게 됩니다.

하나님의 시험에 대한 더 높은 수준의 인내는 시험 자체에 대해 불평하지 않는 태도입니다. 이러한 태도를 '아름다운 인내'라고 하며, 하나님께서는 선지자 유습(야곱)의 이야기를 통해 우리에게 이를 보여 주셨습니다.

아름다운 인내만을 보여 주리라.(꾸란 12장 *Surah Yusuf* 18절)

저의 깊은 고통과 슬픔에 대한 불평은 오직 하나님께만 드립니다.(꾸란 12장 *Surah Yusuf* 86절)

선지자 유습(야곱)은 하나님께만 불평을 드렸을 뿐, 다른 이에게는 그러지 않았습니다.

마음으로 하나님의 명령에 인내하는 것이 가장 높은 형태의 인내입니다. 고난에 대해 입 밖으로 말하는 것을 자제하고, 마음속으로도 걱정하지 않을 때 그러한 인내에 이르게 되며, 위기의 순간에도 마음은 항상 평온을 유지합니다. 선지자는 말했습니다.

"진정한 인내는 재난이 닥쳤을 때 바로 나타납니다."[6]

시련 속에서 인내하는 무슬림은 하나님의 길을 걸을

---

6) 부카리와 무슬림이 전함.

것입니다.

시간에 맹세하나니. 인간이란 소멸될 뿐이나 다만 믿음을
간직하여 선을 행하며 정의를 추구하고 역경에 인내하도록
권하는 이만 제외되리라.(꾸란 103장 *Surah al-Asr* 1-3절)
어떤 역경이라도 영원하지는 않음에. 보라, 모든 역경에는
평안이 뒤따르리라.(꾸란 94장 *Surah al-Sharh* 4-5절)

# 아홉 번째 단계

## 온전한 시작

**마**지막 성공의 징후는 시작할 때 하나님을 언급함으로써 이루어집니다. 애초에 일출이 없으면 종국에 일몰도 없습니다.

## 자비의 주님이시며 자애를 베푸시는 하나님 이름으로

어려운 시험을 극복하고 평화와 평온을 향해 나아가는 종복은 하나님을 향한 여정에서 항상 새로운 선한 행위를 고민합니다. 여기에서 '지혜의 말씀'은 새로운 계획을 시작하고 기반을 마련할 때 기대했던 결과를 보장하는 또 다른 보편 법칙을 가르칩니다. 이븐 아따아의 말에 따르면, 애초에 일출이 없으면 종국에 일몰도 없습니다. 문제는 어떻게 애초에 해가 떠서 빛나게 만들 것인가 하는 겁니다. 이븐 아따아의 답은 하나님과 연결 짓는 것입니다. 그러나 어떻게 일의 시작을 '하나님과 연결' 지을 수 있을까요?

선지자 무함마드는 일상의 행동을 그에 맞는 방식으로 하나님께 드리는 독특한 기도 방식을 인류에게 전수하였습니다. 선지자는 말씀하셨습니다.

"하나님께 대한 찬양으로 시작하지 않으면 어떠한 행위에도 축복이 깃들 수 없습니다."[1]

그러니 모든 일을 하나님의 이름으로 시작하시기 바랍니다. 연설을 시작할 때도 선지자에게 평안과 축복을 빌며

---

1) 바이하키가 전함.

전능하신 하나님을 찬양함으로부터 시작하십시오. 경배를 시작할 때 역시 순수한 의도와 그 목표를 마음속에 새기며 시작하십시오. 예배를 드릴 때마다 그 의도를 밝힐 필요는 없으나 선지자의 본보기에 따라 다음의 기도로 시작하는 것이 좋습니다.

"하늘과 땅의 근원이신 분께 온전한 헌신으로 제 몸과 마음을 돌리오니, 불신자가 아님을 밝힙니다."

중요한 일을 시작하기 전에는 '이스티카라(*Istikhara*, 최선의 행동을 위한 예배)'를 드리는 것이 좋습니다. 이 모든 일을 시작하면서 하나님께 고하는 방법입니다. 이스티카라는 두 가지 선택 사이에서 결정을 내려야 할 때 간구하는 기도로, 선지자 무함마드가 우리에게 가르쳐 주었습니다.

"저는 이 문제를 해결함에 있어 최선의 방법을 찾기 위해 하나님의 지혜를 구합니다. 하나님의 은총으로 저에게 힘을 부어 주소서. 저는 연약하지만 하나님만이 전능하시고, 저는 무지하지만 하나님만이 모든 것을 아십니다. 하나님만이 숨겨진 비밀을 알고 계십니다. 제가 하고자 하는 일(여기서 당신이 하고자 하는 일을 말씀하세요)을 잘 아시니, 그것이 제 믿음과 삶, 그리고 궁극적 운명에 도움된다면, 그일이 진행되도록 도와주시고 축복해 주시기를 기도 드립니다. 또한 이 일이 제 믿음, 삶, 그리고 궁극적 운명에 해롭다면, 그것을 저로부터 돌려보내시고, 그것에서 저를 돌이키시어, 어디 있든지 저에게 유익한 것을 선포하시고, 그것으로 만족하게 해 주시기를 바랍니다."

이 기도는 우리가 진심 어린 마음으로 하나님께 복종하고 의지하는 것을 보여 드리기 위한 것입니다. 하나님의 도움을 구하는 일은 이른 아따아가 조언하듯, 일을 시작할 때 하나님께 호소하는 행위입니다. 이는 우리의 인간적이고 세속적인 이해득실에 관계없이 최종 결과에서 성공의 징표로 여겨집니다. 중요한 것은 우리가 모든 문제를 처음부터 하나님께 맡겨 결국에는 우리에게 유리한 계산이 될 것이라는 점입니다.

예를 들어, 수익 창출을 목적으로 사업을 운영할 때는 투자금을 잃을 위험이 있습니다. 그럼에도 불구하고 이스티카라를 올린 후에 손실이 발생했다면, 심사숙고할 필요가 있습니다. 현재 투자금의 일부 또는 전부를 잃었을 수도 있지만, 그 손실에서 얻은 교훈을 통해 차후에 다른 사업에서 더 큰 이익을 얻을 수 있습니다. 하나님께서 여러분에게 잃어버린 것들을 통해 삶에서 중요한 것들, 사람들, 계획들을 재고하도록 이끄실 것입니다. 지속적으로 손실을 보는 상황일 수도 있지만, 고난의 시기에 당신을 도운 가까운 벗을 얻을 수 있습니다. 결국 진정한 성공은 다른 거래에서 이익을 얻거나, 계획을 재고하거나, 친구를 얻는 데서 찾을 수 있습니다.

> 그대가 모르는 것을 하나님께서 아시도다.(꾸란 2장 *Surah al-Baqarah* 216절)

사람들은 흔히 성공과 실패를 재무제표나 수치, '통계적으로 검증 가능한' 것들로 판단합니다. 하지만 그런 계산 방식은 하나님께서 보실 때나 실제적으로도 의미가 없습니다. 진정 중요한 것은 현세와 내세에서 하나님의 기쁨입니다. 그러므로 우리가 처음부터 하나님과 동행한다면, 물질적인 계산과 무관하게 최후에 빛나고 하나님께서 기뻐하실 것입니다.

이 같은 규칙은 모든 상황에서 적용됩니다. 예컨대, 선지자께서 말씀하셨습니다.

"그늘막이 전혀 없는 날[심판의 날]에 하나님께서 그늘로 보호하시는 일곱 무리 부류 중 하나는 '하나님을 경배하며 자란 젊은이'입니다."[2]

이 젊은 남녀는 삶의 출발점에서 하나님과 함께하였기에 성공이 허락되었고, 결국 하나님의 보살핌 아래 안전하게 지켜졌습니다. 악행을 억제하고 정의를 세우기 위한 행동을 시작할 때에는 일출이 있을 것이며, 반대로 금지된 행위로 시작한다면 끝에는 반드시 실패로 끝날 것입니다.

하나님께서는 부패를 퍼뜨리는 자들의 일을 진전시키지 않으시도다.(꾸란 10장 *Surah Yunus* 81절)

이는 하나님께서 금지하신 일을 행할 때 실패를 불러오고 은혜가 사라지는 까닭입니다. 우리에게 행복과 좋은 결말을 주실 것을 하나님께 기도 드리며, 모든 일의 시작부터 끝까지 성공하도록 도와주실 것을 기도 드립니다.

---

2) 부카리와 무슬림이 전함.

# 열 번째 단계

# 자신의 결점 발견하기

**자**신의 결점을 찾으려는 노력은 자기 내면의 세계를 발견하려는 노력보다 낫습니다.

**자비의 주님이시며 자애를 베푸시는 하나님 이름으로**

하나님을 향한 여정에서 올바른 길로 출발할 수 있지만, 유감스럽게도 사람들은 자만에 빠지거나 자신이 하나님께 은혜를 베푸는 것처럼 여겨 스스로의 결점들을 잊어버리기도 합니다. 여정의 새로운 단계에서 완벽한 시작을 위한 규칙을 세운 후, 이븐 아따아는 말했습니다.

"자신의 결점을 찾으려는 노력이 숨겨진 내면 세계를 발견하려는 노력보다 낫습니다."

적극적으로 활동하고 일부 추가적인 경배를 근행한 신자들은 어떤 영적 각성을 경험할 수도 있습니다. 그때 선지자의 말씀처럼 보이지 않는 것을 느끼거나 볼 수 있으며 예리한 통찰력을 가질 수 있다고 생각할 수 있습니다.

"믿는 이의 예리한 통찰력에 주의하십시오. 그는 하나님의 시선으로 보기 때문입니다."[1]

이에 대해 이븐 아따아는 경고합니다.

"자신의 결점을 찾으려는 노력이 숨겨진 내면의 세계를 발견하려는 노력보다 낫습니다."

---

1) 타바라니가 전함.

결함이 없다고 생각하는 사람이 있다면, 그야말로 문제입니다. 인간의 결함은 인간 본성의 일부입니다. 오직 하나님만이 완벽하시며, 모든 영광은 하나님께 있습니다. 우리의 불완전함은 하나님의 완전함에 비례합니다. 하나님은 너그러우시지만 인간은 편협합니다.

> 말하노니, 그대가 내 주님의 은혜의 보물 창고를 모두 차지한다 해도 소비가 염려스러워 더욱 바라게 될지니, 하나님의 배려는 무한하나 인간은 언제나 탐욕스러우니라.(꾸란 17장 *Surah al-Isra* 100절)

　　하나님은 전능하시지만 인간은 약한 존재입니다.

> 인간은 본래 약하게 태어났기에 하나님께서 그들의 짐을 덜어 주시려는도다.(꾸란 4장 *Surah an-Nisa* 28절)

　　하나님께서는 늘 자애하시지만 인간은 모질 수 있습니다. 하나님께서는 극도로 관대하시지만 인간의 인내에는 한계가 있습니다. 하나님께서는 모든 것을 용서하시지만 인간은 쉽게 용서하지 못합니다. 하나님께서는 전지전능하시지만 인간은 성급한 판단을 내리기 쉽습니다. 하나님께서는 모든 것을 아시지만 인간 지식은 한계가 있습니다. 하나님께서는 공정하시지만 인간은 종종 부당합니다.

여정의 이번 단계에서는 이러한 불완전함뿐 아니라 우리 내부의 특정 결함들을 발견하기 위해 노력해야 합니다. 이것은 우리 내면에 숨겨진 영적 차원의 세계를 탐구하는 것보다 훨씬 가치 있는 일입니다. 어떠한 경우에도 자신을 정화하기 전에는 영적 세계에 대한 진정한 통찰력을 얻을 수 없습니다. 아무도 자신을 완벽하게 정화할 수는 없지만, 그럼에도 최선을 다해 노력해야 한다는 점을 기억하시기 바랍니다. 자기 자신을 단련하는 노력은 결국 겸손함을 이해하는 데 도움이 됩니다. 일정 수준의 자기 정화와 겸손은 우리를 끌어올리고 신성한 지식과 영적 통찰을 제공합니다. 자신의 결점을 찾아내는 몇 가지 방법이 여기 있습니다.

1. 비평: 누군가 당신을 비평할 때, 그 비평이 당신의 결함을 발견하는 데 도움이 될 수 있는지 생각해 보세요. 사이가 좋지 않은 사람들을 포함하여 모든 사람의 비판을 고려하고, 그것으로부터 배울 점이 무엇인지 고민해 보십시오.

2. 친구: 좋은 친구들은 진심 어린 조언으로 당신의 결함을 찾는 데 도움을 줍니다. 우마르 빈 알-카타브

(Umar bin. al-Khattab)는 말했습니다.

"나의 결점을 지적해 준 사람에게 하나님의 은총이 있기를."

우마르는 자신의 결점을 드러내는 행위를 선물로 여겼습니다. 진심 어린 친구가 당신의 결점을 친절하게 알려 주러 온다면, 그 말을 귀담아듣고 자신의 내면을 살펴 결점을 줄이거나 없애려 노력하세요.

3. 시련: 시험과 시련은 당신의 결점과 약점을 드러내는 기회가 됩니다. 하나님께서 말씀하셨습니다.

저들은 잘못을 떠올리거나 뉘우치지 않으니, 일년 내내 시험을 받는 것을 개의치 않는다는 것인가?(꾸란 9장 *Surah al-Tawbah* 126절)

이 구절은 하나님께 시험받음에도 회개하지 않고 경외하지 않는 위선자들에 대해 언급하고 있습니다. 압박이나 시험을 겪을 때, 그것은 결함을 발견할 수 있는 기회가 될 수 있습니다. 우리의 결함을 찾아 고칠 수 있도록 하나님께 도움을 청하며 용서를 구합니다. 하나님께서는 한없이 너그러우신 분이십니다.

# 열한 번째 단계

## 자아비판

> **독**선은 모든 오류와 망각과 욕망의 근원이며, 선행과 자각과 순결은 자기비판에서 시작됩니다.

**자비의 주님이시며 자애를 베푸시는 하나님 이름으로**

우리 자신에게서 결함들을 찾아 그 원인을 파악하여 제거할 수 있어야 합니다. 이븐 아따아는 말했습니다.

"독선은 모든 오류와 망각, 그리고 욕망의 근원이며, 선한 행동과 자각, 순결함은 자기 비판에서 비롯됩니다."

일반적으로 (어떤 죄악이나 건망증, 정욕 등이건 간에)결함의 근원은 모두 거짓된 독선에서 비롯됩니다. 많은 사람들이 [스스로를 정당화하며]말합니다.

"나는 야, 참으로 선한 사람이야! 나는 선행을 행하고 있어. 다른 사람들을 봐. 그들은 길을 잃었고, 나는 인도받고 있어. 그들은 사악하지만 나는 선하므로 걱정할 것 없어."

하지만 전능하신 하나님께서는 말씀하십니다.

아니로다, 내가 부활의 날에 증언을 세우리라. 아니로다. 내가 인간들의 양심에 대한 비난의 목소리를 증언에 세우리라!(꾸란 75장 *Surah al-Qiyamah* 2절)

하나님께서 증인으로 부르실 만큼, 어떤 사람의 양심에서 울리는 가책의 소리는 충분히 큰 것입니다! 또한, 이

소리는 자신의 행동에 만족하지 못하고 끊임없이 자신을 비판하는 신자의 내면에서 들려오는 목소리입니다.

또 다른 구절이 있습니다.

> 보살피시는 분의 가호와 보호가 없다면, 누구든지 내면의 자아가 악을 부추길 것이므로 자신이 결백하다고 말할 수 없으리니. 진실로 주님께서는 모두를 용서하시고 은혜를 베푸시는 분이심이라. (꾸란 12장 *Surah Yusuf* 53절)

이 자아비판적 언급은 선지자 유습(요셉)의 경험을 진술한 것인데, 그러면 우리는 어떨까요?

자기 양심의 목소리는 심판의 날에 자신을 구원할 것입니다. 또한 자신을 비판할 양심이 없는 사람은 위험을 초래하게 됩니다. 꾸란의 두 정원 주인에 관한 이야기에서, 한 주인은 스스로에게 매우 만족하며 다음과 같이 말했습니다.

> 최후의 날이 오지는 않겠지만, 만약 온다고 할지라도 나는 내가 섬기는 분 앞에 부름을 받고, 마지막 보상으로 더 좋은 정원을 찾게 될 것이라 확신한다. (꾸란 18장 *Surah al-Kahf* 36절)

그는 심판의 날에 이 세상에서 가진 것보다 더 나은 정원을 찾게 될 것이라고 확신했습니다.

꾸란과 선지자의 전통에 따르면, 믿는 이의 기본적인 태도는 독선에서 벗어나야 합니다. 이것이 선지자가 교우들에게 가르친 내용입니다. 선지자의 교우 중 한 명인 '한잘라(Hanzala)'가 마디나에서 위선자 열 명의 이름을 알고 있었는데, 다른 교우들은 모르고 있었습니다. 우마르 이븐 알-카타브(Umar Ibn. al-Khattab)는 그 열 명의 위선자들 명단에 자신의 이름이 있는지 한잘라에게 묻곤 했습니다! 우마르가 한잘라에게 물었던 까닭은 무엇일까요? 이유는 분명합니다. 그에겐 전혀 독선적 태도가 없었기 때문입니다. 사실 이는 찾아보기 드문 높은 수준의 자기비판을 보여주는 예입니다.

[첫 번째 칼리프]아부 바크르 알-시디크(Abu Bakr al-Siddiq)는 다음과 같이 말하곤 했습니다.

"내 한 발이 이미 천국에 들어 있다 해도, 나는 하나님의 깊은 계획으로부터 안전하다고 생각하지 않을 것입니다."

아부 바크르가 이렇게 말한 이유는 스스로 보장된 하나님의 보상으로 천국을 받을 자격이 없다고 생각했기 때문입니다. 아부 바크르에 대해 선지자는 이렇게 말씀하셨습니다.

"만약 아부 바크르의 믿음을 저울의 한편에 놓고, 다른 편에 이 나라 신자들의 모든 믿음을 놓는다면, 저울은 아부 바크르의 편으로 기울 것입니다."

이븐 아따아는 독선적 자만감이 모든 죄악의 근원이라고 가르칩니다. 어떤 이들은 자신에게 특별한 지위와 권한이 있다고 생각하여 자신의 행동에 실수가 없다고 믿기 시작할 수 있습니다. 그러나 하나님을 경외하며 스스로를 믿는 자들 중 가장 낮은 곳에 있다고 여긴다면 악행을 저지르지 않을 것입니다.

'지혜의 말씀'에서 이븐 아따아는 오만, 비참함, 탐욕, 사치 등등의 금지된 욕망들에 대해 언급합니다. 그는 모든 금지된 욕망의 근원이 독선적 자만심에 있다고 설명합니다. 이러한 감정에서 벗어나면, 우리는 그러한 욕망에 빠지지 않을 것이며, 이는 선지자, 예언자, 의인들의 관행이었습니다. 자기비판의 미덕이 자기 파괴로 변질되어서는 안 됩니다. 자멸감은 자신을 너무 가혹하게 다루며 절망감을 느끼기 시작할 때 일어납니다. 예를 들어, 누군가 지속적으로 스스로 선하지 않으며 선행을 베푼 적이 없다고 말한다면, 결국 스스로 절망감을 느끼고 포기하게 될 것입니다. 그러므로 그런 태도는 용납될 수 없습니다.

절제와 균형은 자신을 지나치게 자책하거나 과도하게 자만하지 않는 것 사이의 덕목입니다. 절제를 통해 우리의 내면적 자아가 성장하고 신에게 다가가는 여정에서 발전할 수 있습니다.

# 열두 번째 단계

## 좋은 친구

**당**신을 끌어올려 주지 않거나 하나님께 인도하지 않는 사람과는 친구가 되지 마세요. 당신이 저지를 수도 있는 악행에도 불구하고 당신보다 못한 친구와 비교해 선행을 베풀고 있다는 착각에 빠질 수 있습니다.

**자비의 주님이시며 자애를 베푸시는 하나님 이름으로**

하나님을 향한 여정에서 우리는 자신의 결함을 발견하는 법을 배웠습니다. 모든 죄와 태만과 욕망은 독선에서 비롯되며, 모든 선행과 자각, 순결이 자기비판에서 시작된다는 것도 깨달았습니다. 마찬가지로 우리의 양심이 하나님께서 전하신 꾸란 말씀과 일치해야 한다는 것도 이해했습니다.

이븐 아따아는 '나쁜 친구 선택'이라는 또 다른 심각한 결함에 대해 가르칩니다. 그렇다면 무슬림들은 어떤 사람을 친구로 받아들여야 할까요? 이븐 아따아의 대답은 다음과 같습니다.

"여러분을 더 높은 상태로 이끌어 주지 않거나, 하나님께 인도해 주지 않는 사람과 친구가 되지 마십시오. 여러분이 악행을 저지르고 있음에도 여러분보다 못한 사람과 비교하여 선행을 한다는 착각에 빠질 수 있습니다."

여러분은 더 나은 사람이나 더 못한 사람을 친구로 삼을 수 있습니다. 이븐 아따아는 말합니다.

"만약 여러분이 여러분보다 못한 사람과 친구를 맺으면, 어떤 상황에서도 여러분 자신을 우월하게 생각할 수 있습니다. 하지만 이는 중대하건 사소하건 간에 결점이 있는 친구와 비교하면서 일어날 수 있는 착각입니다. 반면 신앙적으로 뛰어난 사람과 친구가 된다면, 그는 여러분을 그의 수준까지 끌어올려 주고, 조언을 통해 하나님께 인도함으로써 여러분에게 긍정적 영향을 미칠 것입니다."

선지자는 다음과 같은 말을 남겼습니다.

"좋은 친구와 나쁜 친구는 마치 향수 장수와 대장장이와도 같습니다. 향수 장수는 당신에게 향수를 선물로 줄 수도 있고, 그에게서 향수를 살 수도 있으며, 최소한 그가 파는 향수의 향기를 맡을 수 있습니다. 대장장이는 당신의 옷을 태울 수도 있고, 어쩌면 용광로에서 나오는 연기를 들이마실 수도 있습니다."[1]

믿는 사람들은 늘 좋은 향기를 지니고 있어, 이러한 성품을 가진 사람과 친구가 된다면 그 향기를 공유할 것입니다. 또한 조언, 꾸란 구절을 상기시켜 주는 말이나 심지어 밝은 미소의 형태로 도덕적 의미의 향수를 여러분에게 줄 수도 있습니다.

선지자는 말씀했습니다.

---

1) 부카리와 무슬림이 전함.

"동료에게 미소를 짓는 것은 자선입니다."[2]

친구가 자선을 베풀고 좋은 말을 하거나 하나님께 예배 드리는 모습을 볼 때, 그는 여러분에게 좋은 본보기가 될 것이며 결국 여러분도 그의 선행에 동참하는 자신을 발견하게 될 것입니다. 반면, 대장장이 같은 사람은 불을 피우면서 당신의 옷을 태울지도 모릅니다! 그와 가까이 있으면 험담과 음모, 거짓 증언 등 사악한 행동에 연루시켜 여러분의 마음을 태울지도 모릅니다.

"여러분을 그 자신의 영적 수준 상태까지 끌어올려 주지 않는 이는 친구 삼지 마십시오."

여기에서 '상태'는 수피 무슬림의 표현으로, 사람이 개인의 영성에 미치는 영적 영향력을 의미합니다. 선지자는 이러한 영향력에 관한 또 다른 전승을 설명했습니다. 선지자께서 말씀하셨습니다.

"1디르함[3]이 10만 디르함보다 더 가치 있게 되었습니다."

제자들이 물었습니다.

---

2) 이븐 힙반과 티르미디가 전함.

3) dirham. 사라센제국의 은화이며 현재 아랍에미리트의 통화 단위. 하지만 여기서 디르함은 쌀라훗딘(사라센) 훨씬 이전인 선지자 시대의 통화 단위를 의미한다. (옮긴이)

"하나님의 선지자이시여, 어떻게 그럴 수 있습니까?"

선지자가 대답하셨습니다.

"어떤 부자가 자신의 재산에서 10만 디르함을 꺼내 자선금으로 내는 반면, 2디르함밖에 가진 게 없는 다른 사람은 1디르함을 나누어 자선금으로 내기 때문입니다."[4]

이 경우 두 사람의 유일한 차이점은 오로지 마음의 상태에 있습니다. 한 사람이 10만 디르함을 기부했음에도 말입니다.

어느 날, 선지자가 새벽 예배를 드리는 도중 꾸란의 '룸' 장을 낭송하고 있을 때, 혼란스러운 일이 생겼습니다. 예배를 마친 후, 선지자는 말했습니다.

"청결 방법을 모른 채로 예배에 참석한 사람들이 있었습니다. 그들 때문에 예배 드리면서 꾸란을 낭송하는 동안 혼란을 겪었습니다."[5]

이 하디스는 개인의 '상태'에 관한 것으로, 그 상태가 합동 예배에 부정적인 영향을 미쳤습니다.

주바이르 이븐 무띰(Jubayr Ibn. Mutim)은 저녁 예배에

---

4) 이븐 힙반과 나사이가 전함.

5) 나사이가 전함.

선지자께서 꾸란 '뚜르' 장을 낭송하시는 것을 듣던 중 다음 구절에 도달했을 때 마음이 마치 날아오를 듯했다고 전했습니다.[6]

> 그들은 하나님의 존재를 부인하는가? 그들이 자신을 창조했다고, 아무것도 없는 상태에서 무엇이든 만들 수 있다고 주장하는가? 혹 그들이 스스로를 창조주라고 말하는가? 그들이 하늘과 땅을 창조했다고 하는가? 아니, 그들에게는 아무것도 없으니, 어찌 무엇을 할 수 있겠는가? 그대의 주님의 보물창고가 그들에게 있다는 건가? 혹 운명이 그들 손 안에 있다는 건가?(꾸란 52장 *Surah at-Tur* 35-37절)

우바이 이븐 카브(Ubayy b. Kab)가 전했습니다.

"제가 마스지드에 있었는데, 한 사람이 들어와 예배를 드렸습니다. 그런데 제가 동의할 수 없는 방식으로 꾸란을 낭송했습니다. 또 다른 사람이 들어오더니 교우들과는 다른 방식으로 꾸란을 낭송했습니다. 예배를 마친 후, 우리는 선지자께 이 사실을 전했습니다. '한 사람이 받아들이기 어려운 방식으로 꾸란을 낭송하다가, 또 다른 이가 들어와 우

---

6) 부카리가 전함.

리와는 다르게 꾸란을 낭송했습니다.'

그러자 선지자께서는 그들에게 낭송해 보라고 요청하셨고, 들으신 후에는 그 다른 낭송 방식들을 모두 인정해 주셨습니다. 이에 내 마음속에는 이슬람 이전 무지의 시대에도 일지 않았던 부정적 감정이 생겼습니다. 내 마음의 동요를 알아차린 선지자는 내 가슴을 부드럽게 두드리셨고, 나는 마치 두려움으로 하나님을 바라보는 듯 땀을 흘렸습니다."[7]

이는 선지자께서 다른 아랍어 방언으로 읽힐 수 있다는 이유만으로 꾸란의 진실성을 의심한 우바이를 깨우쳐 준 것으로 보입니다. 나중에 우바이는 3대 칼리프 시대 들어 꾸란을 한 권의 책으로 편찬할 때 편찬위원회의 일원이 되었습니다. "마치 하나님을 보시듯 예배 드리되, 실제로는 보지 못하더라도 그분이 보고 계시다는 것을 알고 경배하라"는 말씀으로 우바이의 상태는 의심에서 확신으로 변화되었습니다. 우바이가 "두려움으로 하나님을 바라보듯"이라고 말했을 때, 그는 선지자가 순간에 그를 변화시킨 상태를 묘사하고 있는 것입니다. 우바이의 변화를 이끈 선지

---

7) 무슬림이 전함.

자의 행동은 그의 능력에 숨겨진 비밀이었습니다.

저는 몇몇 선생님들로부터 목격했습니다. 그들의 한마디 논평이 며칠 동안 제 '상태'를 끌어올렸습니다. 때로는 한마디 말 없이도 그들이 겪고 있는 하나님을 기억하는 높은 상태로 저에게 깊은 영향을 미쳤습니다.

그때 이븐 아따아는 말합니다.

"그리고 그는 말로 당신을 하나님께 인도하지 않는다."

다음 단계의 친구는 자신의 상태로 당신을 끌어올릴 필요 없이 말로 당신을 하나님께 인도하는 친구입니다.

# 열세 번째 단계

# 늘 하나님 생각 속에서
# 인내하기

**마**음이 뒤따르지 못하더라도 하나님께 대한 이야기를 멈추지 마십시오. 주의가 산만하더라도 하나님께 대해 말하는 것이 그분을 잊는 것보다 낫습니다. 하나님께서 그대를, 산만함에서 그분에 대한 몰입으로, 몰입에서 그분과 온전히 함께하는 상태로, 그분과 함께함에서 오직 그분 외에는 아무것도 없는 상태로 끌어올려 줄 것입니다.

하나님께는 어려운 일이 아니로다. (꾸란 35장 *Surah Fatir* 17절)

**자비의 주님이시며 자애를 베푸시는 하나님 이름으로**

이제까지의 여정에서 우리는 자기 정화를 통해 스스로의 결함을 찾아내고 그것들을 제거하려는 과정을 거쳐 왔습니다. '지혜의 말씀'은 이제 심각한 영혼의 결함인 '망각', 즉 하나님께 대한 갈망의 결여를 다룹니다. 우리는 하루에도 여러 번 이런 잘못을 저지르곤 하는데, 그 해결책은 우리의 입과 마음으로 하나님을 기억하는 것뿐입니다.

하나님께서 말씀하셨습니다.

아침 저녁으로 목소리를 높이지 말고, 겸손과 경외심으로 주님을 기억하며, 부주의하지 않도록 하라.(꾸란 7장 *Surah al-Araf* 205절)

그대를 인도하시는 분을 기억하라.(꾸란 2장 *Surah al-Baqarah* 198절)

그대가 미처 모르던 것을 가르쳐 주신 하나님을 기억하라.(꾸란 3장 *Surah al-Imran* 239절)

예배를 마친 후에는 앉건 서건 누워 있건 하나님을 기억하라.(꾸란 4장 *Surah an-Nisa* 103절)

믿음을 가진 이들은 쉼 없이 하나님을 기억하며, 아침부터

저녁까지 끝없는 하나님의 영광을 찬양하도록.(꾸란 33장 *Surah al-Ahzab* 41-42절)

나를 기억하면 나 또한 너희를 기억하리라.(꾸란 2장 *Surah al-Baqarah* 152절)

선지자가 말했습니다.

"항상 여러분의 입을 하나님께 대한 간구로 바쁘게 하십시오."[1]

이 내용은 어떤 상황에서건 늘 하나님을 기억하라는 명확한 지침을 담고 있습니다. 선지자는 어떤 상황에서도 하나님을 언급했으며, 모든 상황에서 하나님을 참조하는 특별 기도가 있었습니다. 하나님을 참조할 때마다 마음이 평안해지고 하나님과 더욱 가까워집니다. 꾸란은 말합니다.

믿는 사람들의 마음은 하나님을 기억함으로써 위안받으며, 마음은 하나님을 기억함으로써 분명한 평화를 찾는다.(꾸란 13장 *Surah ar-Rad* 28절)

모든 예배의 궁극적 목적은 하나님을 기억하는 것입니

---

1) 티르미디(al-Tirmidhi)와 이븐 마자(Ibn Majah)가 전함.

다. 하나님께서 말씀하십니다.

> 끊임없는 예배를 통해 나를 기억하라.(꾸란 20장 *Surah Ta Ha* 14절)

이 말은 예배의 진정한 목적이 하나님을 기억하는 것임을 의미합니다. 하나님을 기억하는 것은 악행을 자제하는 데 있어 예배보다 더 강력합니다. 하나님께서 말씀하셨습니다.

> 보라, 예배는 혐오 행위와 악행을 억제함에, 하나님을 기억함이야 말로 가장 큰 선이리라.(꾸란 29장 *Surah al-Ankabut* 45절)

이븐 아따아는 우리가 하나님의 이름을 자주 언급하면서도 마음으로는 그분을 느끼지 못하는 문제점에 대해 이야기합니다. 그렇다면 우리가 마음으로 느끼지 못할 때, 하나님을 생각하지 않아야 할까요, 아니면 지속적으로 그분을 떠올려야 할까요?

이븐 아따아는 말합니다.

"마음이 따라오지 못한다 하더라도 하나님께 대한 언급을 멈추지 마십시요. 주의가 산만하다고 해서 하나님을 망각하는 것보다 더 나쁜 것은 없습니다. 어쩌면 하나님께서 그대를, 산만함에서 그분에 대한 몰입으로, 몰입에서 그분과 온전히 함께하는 상태로, 그분과 함께함에서 오직 그분 외에는 아무것도 없는 상태로 끌어올려 줄 것입니다."

하나님께는 결코 어려운 일이 아니로다.

이 말은 여러분의 마음에 하나님께 대한 생각이 오래 머무르지 못하더라도, 하나님의 이름을 지속적으로 부르는 것이 중요하다는 것을 의미합니다. 예를 들어 꾸란을 낭송할 때 마음이 다른 곳에 가 있어 집중하지 못하는 경우가 있습니다. 또한 하나님을 찬양하면서 "수브하나 알라(*Subhana Allah*, 하나님께 찬양바칩니다)", "알-함두릴라(*al-Hamdulillah*, 하나님께 감사드립니다)", "라 일라하 일라알라(*la Ilaha Illallah*, 하나님 외에 다른 신은 없습니다)"라고 읊으면서도 그 의미를 느끼지 못할 때도 마찬가지입니다. 이븐 아따아는 이런 경우에도 하나님께 대한 생각을 멈추지 말아야 한다고 말합니다.

이븐 아따아는 설명합니다.

"하나님을 언급하면서도 산만한 것이 그분을 완전히 잊는 것보다 낫습니다. 하나님을 언급하는 데 가장 낮은 단계가 집중하지 않은 상태에서 그분을 언급하는 일이지만, 적어도 당신이 무엇을 말하는지는 알고 있습니다. 하나님의 말씀을 떠 올려 보십시오.

> 오, 믿음을 지닌 이들이여! 술에 취한 상태에서 예배에 참석하지 말고, 당신이 무슨 말을 하는지 알 때까지 기다릴지니.(꾸란 4장 *Surah an-Nisa* 43절)

아마도 너그러우신 하나님께서는 우리의 산만함을 몰입의 상태로 이끌어 주실 것이며, 만약 우리가 하나님의 인도를 바라며 계속 나아간다면, 분명히 우리의 상태를 개선해 주실 것입니다. 그러고 나서도 계속 나아간다면, 하나님께서는 우리의 마음 상태를 더 높은 곳으로 이끌어 주실 것입니다.

이븐 아따아는 말합니다.

"하나님은 몰입의 상태로부터 온전히 그분과 함께하도록 인도해 주실 것입니다."

그분과 온전히 함께 있다는 것은, 몰입의 상태를 넘어 하나님을 참조할 때 종복의 마음으로 그분과 함께함을 의미합니다. 이것은 여러분이 '낙원'이라는 단어를 사용할 때 마음속에 그 이미지를 떠올리는 것을 의미하며, '하나님'을 언급할 때 마음속에 그분의 영광과 은혜를 상기한다는 것을 의미합니다.

이런 마음 상태는 알리 이븐 아비 탈리브(Ali b. Abi Talib)가 하나님을 의식하는 사람들의 특성을 묘사했던 유명한 설교에서 나타납니다. 이맘 알리가 말했습니다.

"경외심을 불러일으키는 꾸란 구절들을 마주할 때, 자신들 마음의 귀를 그쪽으로 기울여 마치 지옥의 아우성으로 자신들의 귀에 닿는 듯 느낍니다. 천국을 갈망하게 하는 꾸란 구절들을 만날 때는, 그들의 영혼은 열정적으로 그쪽을 추구하여 마치 눈앞에 실재하는 것처럼 느낍니다. 이것이 바로 몰입의 상태입니다."

하나님께서 우리를 산만함에서 몰입의 상태로, 그리고 몰입의 상태에서 완전히 그분과 함께하는 상태로 이끄시는 일은 어렵지 않습니다. 이러한 경지에 이르면, 우리는 눈에 보이지 않는 천국과 지옥을 듣고 느끼는 교우들처럼 될 것입니다.

이븐 아따아는 특별한 정신 상태에 대해 언급합니다.

"따라서 하나님께서는 여러분을 그분과 함께하는 상태에서 그분 외에는 아무것도 존재하지 않는 상태로 끌어올리실 것입니다."

이는 하나님을 기억할 때 주변의 아무것도 느끼지 못하는 마음입니다. 이는 또 믿는 이에게 하루 한 번이건 일주일에 몇 번이건 주어진다면 가장 큰 축복의 경건한 은혜입니다. 하나님께 기반한 깊은 지적 성찰과 순간일지라도 하나님 외에 아무것도 느끼지 않는 감정 사이에는 분명한 차이가 있습니다.

예배 동안 벽 한쪽이 무너진 것도 알아차리지 못한 상태였던 저 위대한 교우 '압둘라 이븐 알-주바이르(Abdullah b. al-Zubayr)'의 사례를 들어 보겠습니다. 실제 그가 예배 드리는 동안 그를 나무로 착각한 새들이 그의 머리에 앉았던 것입니다. 예배를 마쳤을 때 그는 왜 위험을 피해 예배를 중지하지 않았느냐는 질문을 받았습니다. 그는 아무 소리도 듣지 못했다고 대답했습니다. 그럼에도 이러한 높은 경지가 하나님 외에는 없다거나 이 세상 일이 아니라고 주장하는 사람들과는 무관합니다. 그러한 말은 과장된 주장입니다.

마지막으로, 이븐 아따아는 꾸란 구절을 인용합니다.

하나님께는 어려운 일이 아니니라.(꾸란 35장 *Surah Fatir* 17절)

열세 번째 단계 ✳ 늘 하나님 생각 속에서 인내하기   **117**

이 장에서 이 구절은 다음과 같은 문맥을 가집니다.

인간들이여! 그대들은 하나님을 필요로 하지만 그분은 스스로 충만하시며 찬양받으실 분임에, 그분께서 원하시면 그대들을 없애고 새로운 피조물을 창조하실 수 있으니, 하나님께 어려운 일이 아니니라.(꾸란 35장 *Surah Fatir* 15-17절)

하나님의 자비와 너그러움으로 바라오니 우리가 잊어버린 자아를 거두시고, 우리 안에 당신을 깊고 온전하게 생각하는 새로운 피조물을 창조해 주시기를 기도 드립니다.

첫 번째 지혜의 말씀을 통해 우리는 자신의 선한 행동에 의지하지 말고, 오로지 그분의 자비에 신탁해야 한다는 것을 배웠습니다.

# 열네 번째 단계

## 굴욕에서 벗어나기

**굴**욕은 궁핍의 씨앗에서 자라납니다. 환상에서처럼 여러분을 속이는 것은 없습니다. 여러분은 포기함으로써 자유를 얻고, 필요한 것에 노예가 되지 않습니다.

**자비의 주님이시며 자애를 베푸시는 하나님 이름으로**

아름답게 꾸미고 찬란하게 빛내기 위해 마음을 정화하는 일은 여전히 결함을 찾는 과정의 일부입니다. 앞서 언급했듯, 자기 내면의 결함을 찾으려는 노력은 내면의 숨겨진 세계를 발견하려는 노력보다 더 가치 있습니다.

이븐 아따아가 설명하고자 하는 결함 중 하나는 '굴욕'입니다. 누군가는 이런 의문을 가질 수 있습니다.

"굴욕이 어찌하여 나에게 굴욕을 준 사람의 잘못이 아니라 나의 결함이라는 말입니까?"

이 질문에 대한 대답은 굴욕의 고통은 그 자신의 결함 때문이라는 것입니다! 이븐 아따아의 설명에 따르면, 타인에 의해 느끼게 되는 굴욕의 직접적 이유는 그 사람에 대한 우리 마음속 곤궁 때문입니다. 이븐 아따아는 웅변합니다.

"(사람들에 의한)굴욕의 나무는 (자신에 대한)곤궁의 씨앗에서 비롯된다."

사람들이 가진 곤궁의 씨앗은 굴욕이라는 나무로 자라납니다. 이 나무는 무엇인가를 바라는 사람들의 빈한한 구걸의 말과 행동의 물을 먹고 자라 결국에는 굴욕이라는 열매를 맺습니다. 곤궁함은 여러분을 하나님의 종복이 아닌 타인의 노예로 전락시킵니다.

그런데 곤궁함의 이면에는 어떤 이유가 있을까요? 그것은 바로 '환상'입니다. 이븐 아따아가 말합니다.

"환상만큼 기만하는 것은 없으니, 여러분은 포기함으로써 자유로워지고, 욕망하는 바가 있을 때 노예로 전락합니다."

타인이 가진 것을 욕망하는 이는 그 사람들이 실제로 자신에게 이득이나 손해를 가져다 줄 것이라고 생각할 수 있는데, 그것은 착각입니다. 실제로 당신에게 유익하거나 해롭게 하시는 진짜 유일한 존재는 당신의 주님이십니다.

환상 때문에 예컨대 누군가 권력이나 재력을 가진 이가 자신에게 이익이나 손해를 끼칠 수 있다고 생각할 수 있습니다. 따라서 사람들은 욕망하는 이에게 스스로 굴욕을 당하는 환경으로 끌려듭니다. 실제 사람들은 결코 타인에게 이득이나 손해를 줄 수 없습니다. 결핍은 굴욕의 근원이요, 환상은 결핍의 근원이니 이 모든 것으로부터의 자유가 해결책이자 하나님께 다가가는 또 다른 단계입니다.

사람들과 상호 교류하며 도움이나 호의를 요청해야 하는 것은 맞는 일입니다. 마음속 어떤 결핍을 불러일으키지 않는 한, 타인의 도움을 구하는 일이 부당한 것은 아닙니다. 이는 결국 선생님이 우리의 마음속에서 없애 버리라고 경고하는 결함으로서 모두 곤궁함이나 굴욕감에 관한 것입니다.

선지자는 말했습니다.

"원하는 것이 있다면 품위 있게 요청하십시오."

필요한 것을 구하는 일은 일상적이지만, 다른 사람에게 호의를 구하거나 돈을 요청할 때는 절대 구걸하거나 굴욕적 태도를 보이지 않고 품위 있게 요청해야 합니다. 여러분 마음속에 곤궁감이라는 씨앗을 심지 마십시오. 그렇게 하지 않는다면 그것은 나무처럼 자라 여러분을 굴욕으로 이끌고, 마침내 하나님 대신 타인의 노예로 들게 할 것입니다. 하나님께서 이를 금하십니다.

타인이 당신에게 이익을 주거나 손해를 끼칠 수 있는 능력을 가지고 있다는 착각에서 벗어난다면, 스스로를 구제할 수 있을 뿐 아니라 보다 올바른 마음 상태로 타인을 대할 수 있을 것입니다. 이븐 압바스가 아직 어린아이였을 때 선지자가 가르쳤습니다.

"어린이여! 만약에 온 나라가 너에게 혜택을 주기 위해 모인다 한들 하나님께서 너에게 정해 놓으신 것을 벗어난 혜택은 결코 없단다. 그리고 또 온 나라가 너를 해하려고 모인다 한들 하나님이 정해 놓으신 이상의 해를 끼칠 수가 없단다."[1]

진정한 의미에서의 자유는 하나님을 섬김에서 비롯됩니다. 이것은 바로 이슬람 세계관에서 자유를 정의하는 방식입니다. 여러분이 진정한 하나님의 종복이라면, 그분을 제외한 모든 것으로부터 자유롭습니다. 사람, 물질, 심지어 자신의 욕망으로부터도 자유롭습니다. 사회적, 정치적, 재정적 압박으로부터도 자유롭습니다. 이븐 아따아가 웅변적으로 표현했듯, "당신이 포기했으므로" 당신은 이 모든 것으로부터 자유롭습니다. 당신에게는 환상도, 곤궁함도, 굴욕도 없이 당신의 자유만 있습니다.

끝으로, 이 귀한 지혜의 말씀은 다른 관점에서 이해될 수도 있습니다. 괄호 사이에 추가된 말들을 고려하시기 바랍니다. (하나님을)섬기는 나무는 (하나님께 대한)곤궁함의 씨앗에서 자랍니다. 당신의 (하나님을 필요로 하지 않는다는)환상만큼 당신을 속이는 것은 없습니다. ('다른 것'들을)포기함으로써 자유를 얻고, 여러분의 욕망을 들어주시는 분(여러분의 주님)의 종복이 됩니다.

---

1) 티르미디(al-Tirmidhi)가 전함.

그러므로 오직 하나님께 종속되는 나무와 오직 하나님께 기도 드리는 의지를 키우며, 그 외의 모든 것을 포기합시다. 그것이 우리 여정의 다음 단계로 나아가는 길이 될 것입니다.

# 열다섯 번째 단계

# 하나님의 축복에 감사 드리기

**하**나님의 축복에 감사 드리지 않는다면 잃을 수 있겠지만, 감사 드릴 때 그 축복은 더욱 굳건해집니다. 여러분이 선한 행위로 하나님께 향하지 않는다면, 그분께서는 여러분이 시험에 들도록 하실 것입니다.

**자비의 주님이시며 자애를 베푸시는 하나님 이름으로**

모든 형태의 섭리에 적용되는 하나님의 보편 법칙 중 하나는, 우리가 하나님께 감사 드릴 때, 하나님께서는 그 은총을 더욱 늘리시거나 더 좋은 것으로 바꾸신다는 것입니다. 하나님은 말씀하셨습니다.

그대가 감사하면, 나는 분명히 그대에게 더 많이 베푸리라.(꾸란 14장 *Surah Ibrahim* 7절)

하나님은 우리가 받는 모든 하나님의 은총을 헤아릴 수는 없다고 선언하셨습니다.

그대가 하나님의 은혜를 계산하려 해도 이루 다 헤아릴 수 없으리라.(꾸란 14장 *Surah Ibrahim* 34절)

모든 무슬림은 하나님께서 주신 모든 것에 감사를 다 해야 합니다. 하나님께서는 또한 이렇게 말씀하십니다.

만약 그대가 배은망덕(*Kafartum*)하다면, 내 징벌은 실로 가혹하리라.(꾸란 14장 *Surah Ibrahim* 7절)

이 구절에서 언급된 아랍어 '카파르툼(*Kafartum*)은 하나님의 축복에 대해 감사 드리지 않음을 의미합니다. 이는 하나님께 대한 불신을 의미하는 게 아니라 문자 그대로, 이 결함의 심각성을 드러냅니다. 감사함이 부족하다는 것은 이븐 아따아가 이 지혜로운 말에서 지적하는 또 하나의 결함입니다. 이븐 아따아는 말합니다.

"하나님께서 주신 축복에 감사 드리지 않을 때 모든 것을 잃을 위험이 있지만, 감사 드릴 때의 축복은 단단히 자신에게 묶어 두게 합니다."

하나님의 축복에 감사 드리는 사람은 그 축복을 자신에게 굳게 묶는 것입니다. 그분께 감사 드리는 이들에 대해 보상하는 하나님의 약속은 진실된 약속입니다. 그 약속은 여러분에 대한 지속적 축복, 혹은 그 이상을 여러분에게 보장합니다. 여기에는 한 가지 조건이 있는데, 그것은 바로 그러한 축복에 대해 하나님께 감사 드리는 일입니다.

감사는 '알-함두릴라(*al-Hamdulillah*, 하나님께 감사 드립니다)'라는 말에만 한정되지 않고, 행동으로도 나타낼 수 있습니다. 하나님께서 말씀하셨습니다.

다윗의 백성들이여, 감사함으로 나에게 봉사하라!(꾸란 34장 *Surah Saba* 13절)

행동으로 감사를 표현하는 사람들은 받은 축복을 어떻게 사용할지, 좋은 일에 기여할지, 아니면 그 축복을 부정하는 결과가 되겠지만, 낭비하고 말 것인지 고민해야 합니다. 그러므로 말과 행동으로 하나님 축복에 감사 드리지 않으면 모든 것을 잃을 수도 있습니다. 하지만 항상 하나님께 감사 드리면 그분의 축복을 더욱 굳게 붙잡을 수 있습니다.

선생님은 말씀하십니다.

"여러분이 훌륭한 일로 하나님께 다가서지 않는다면, 그분께서는 시험을 통해 여러분을 끌어당기실 것입니다."

그리하여 하나님의 축복에 감사 드리지 않고 훌륭한 경지에 도달할 때까지 하나님께 다가가지 않는다면, 그분은 여러분을 시험하실 것입니다. 시험을 통해 여러분에게 탁월함에 이를 기회를 제공하시는데, 이 또한 하나님의 보편 법칙입니다. 하나님께서는 이러한 시련을 통해 여러분을 더 높은 곳으로 인도하시며 마음을 깨끗하게 하십니다. 시험에 직면하여 고통을 겪을 때, 여러분이 하나님께 더욱 가까워진다면, 그분께서는 여러분의 죄를 용서하십니다. 하나님께서 말씀하셨습니다.

고통으로써 저들(위선자들)을 시험하였으나 주님 앞에서 낮

출 줄 모르니, 저들은 결코 겸손해지지 않으리.(꾸란 23장 *Surah al-Muminun* 76절)

하나님의 시험에 들 때, 겸허한 마음으로 예배 드려야 합니다. 하나님은 위선자들에 대해 말씀하셨습니다.

그들은 일 년 내내 시험에 들고 있음을 모르는가? 그럼에도 그들은 회개하지 않으며, 자신이 하나님 소유라는 사실을 인식하지도 못하는도다.(꾸란 9장 *Surah al-Tawbah* 126절)

하나님께서 우리를 시험에 들게 하심은 벌을 주려는 목적이 아닙니다. 여러분을 그분께 더 가까이 이끌고, 하나님의 은총을 깨닫게 하기 위함입니다. 그분께서는 여러분이 말과 행동으로 감사 드리는 마음을 나타내길 바라십니다.

하나님께서 축복을 거두어 가실 때, 그것은 다른 구절에서 언급하신 바와 같이 '훈계의 손길'로서 시험하십니다. 우리는 모두 헤아릴 수 없이 많은 축복을 받고 있습니다. 하나님께서 우리 중 누군가에게 시련을 주시어 한두 가지 또는 대여섯 가지의 축복을 잃게 하실 때, 우리는 큰 위기에 처한 것으로 느낄 수 있겠지만, 실제로 우리는 매 순간 하나님께서 주시는 무수한 축복 속에 살고 있습니다.

우리 몸 모든 세포에는 헤아릴 수 없는 축복이 가득합니다. 우리가 살아가는 매 순간 헤아릴 수 없는 축복이 존재합니다. 우리가 내쉬는 숨결과 바라보는 모든 시선에도 헤아릴 수 없는 축복이 담겨 있어, 하나님께 감사를 드림이 마땅합니다. 이븐 아따아에 따르면, 하나님께서는 몇 가지 축복을 거두심으로써 우리를 시험하시고, 이를 통해 "우리를 그분께로 끌어당기고" 계십니다. 축복을 잃음으로써 하나님께 돌아와 회개하기를 바라십니다. 또한 우리로 하여금 하나님 축복을 기억하고 성찰하기를 원하십니다.

여러분이 진심으로 뉘우칠 때, 시험이 종결됩니다. 하나님께서 말씀하셨습니다.

> 보라, 어떠한 고난이든 평안이 따를 것이니, 어떠한 고난 속에서도 평온을 찾으리라.(꾸란 94장 *Surah al-Sharh* 5-6절)

하나님은 이 구절을 두 번 반복하여 말씀하십니다. 다른 구절에서 다음의 말씀을 읽을 수 있습니다.

> 고난이 지나면, 하나님께서 평안을 주실 것이리라.(꾸란 65장 *Surah at-Talaq* 7절)

상황이 악화될 때가 있을지라도, 하나님께서는 탈출구

를 제공하시고, 고난을 겪는 동안에도 평안을 따르게 하십니다. 문제에 직면하거나 재난에 처했을 때, 하나님께서는 위기 중에도, 그리고 위기 이후에도 안식을 주십니다. 고난이 여러분을 하나님과 더 가까워지게 할 때, 그것은 바로 하나님의 축복입니다. 시험을 피하기 위해서는 끊임없이 하나님께 다가가며 어떠한 잘못도 저지르지 않아야 합니다. 하지만 실제로 우리는 인간이기에 불가능한 일입니다! 우리의 모든 시간을 하나님께 드리는 감사와 명백히 기록하는 데 쓸 수는 없습니다. 선지자가 말했습니다.

"아담의 후손들은 모두 잘못을 범합니다. 그러나 그중에서도 가장 훌륭한 이는 잘못을 인정하고 반성하는 사람입니다."[1]

하나님은 우리의 여정에서 시험을 통해 우리가 회개할 기회를 찾도록 도우십니다.

---

1) 티르미디가 전함.

# 열여섯 번째 단계

# 하나님의
# 베푸심과 거두심에 대한
# 깨달음

**하**나님께서 베푸시는 것으로 여겨질지라도 실제로는 거두실 때가 있고, 거두심으로 여겨질 때에도 베푸실 때가 있습니다. 거두심을 통해 여러분에게 깨달음의 문을 여시는 경우, 그 거두심은 하나님의 선물입니다. 이를 이해하지 못하면 여러분은 박탈감을 느끼며 부정적 감정을 경험하게 됩니다. 하나님께서 여러분을 위해 경배의 문을 열어 놓으시면서도 받아들이는 문은 열지 않으시니, 비록 여러분이 죄를 짓는 운명일지라도 그것이 하나님께로 가는 길일 수 있습니다. 오만과 편견을 불러일으키는 경배보다는 겸손과 필요를 위한 잘못이 더 낫습니다.

## 자비의 주님이시며 자애를 베푸시는 하나님 이름으로

하나님께서는 베푸실 때도 있고, 거두실 때도 있습니다. 하나님께서는 '좋은 것'과 '나쁜 것', '행운'과 '고난'을 통해 '축복'을 주시거나 '거두심'으로 우리를 시험하실 수 있습니다. 하지만 각각의 상황에 대한 실제적 성격은 우리가 각 상황을 규정하는 꼬리표나 가정과 다를 수 있습니다.

하나님께로 향하는 여정의 이번 단계에서 이븐 아따아는 하나님의 '베푸심'과 '거두심' 뒤에 감춰진 지혜에 대해 혜안을 갖추는 것의 중요성을 가르칩니다. 하나님께서 말씀하셨습니다.

> 그러나 인간들은, 돌보시는 분께서 너그러우심으로 편안한 삶을 누리게 하실 때, '돌보시는 분께서 나에게 너그러우시다'라고 말하는 반면, 생계 수단을 제한하심으로써 그를 시험하실 때는 '돌보시는 분께서 나를 멸시하신다' 라고 말한다. 하지만 아니로다.(꾸란 89장 *Surah al-Fajr* 15-17절)

여기서 '아니로다'라는 말씀을 '편안한 삶'이나 '생활 방식의 억제' 등으로 이해하는 것은 적절치 않습니다.

하나님께서는 우리 생계를 어렵게 함으로써 우리를 시

험하시고 굴욕을 주시려는 것이 아니라고 말씀하십니다. 또한, 하나님께서 잠시 동안 편안한 삶을 허용하심으로써 우리를 시험하실 때, 그것이 반드시 좋은 것만은 아니라는 것을 의미합니다. 문제는 우리가 어떻게 그것을 판별할 수 있느냐 하는 데 있습니다.

선생님은 '지혜의 말씀'에서 '깨달음(*Fahm*, 파흠)'이라는 매우 중요한 의미로 우리의 주의를 끌고 있습니다.

"하나님께서 여러분에게 거두심을 열쇠로 깨달음의 문을 열어 주신다면, 그 거두심은 선물이 됩니다."

이것이 바로 우리가 판단하는 방식입니다. 하나님께서 재산과 기회와 건강, 심지어 가족까지도 거두실 때, 우리는 깨달음의 문이 열림을 경험합니다. 그러나 이는 거두심이 아닌 선물입니다. 그러므로 시련도 일종의 선물입니다.

진정한 '깨달음'을 얻기 전에 우리는 오감과 숫자 및 수치의 수준에서 오로지 물적 수준에만 집착합니다. 예컨대, 천만 원을 잃었거나 건강을 잃었다고 말할 때, 이는 물적 수준에 따른 물적 계산입니다.

그러나 하나님께서는 그 천만 원을 거두심으로써 우리에게 깨달음, 만족감, 선행, 강인함, 좋은 친구들, 그리고 이 모든 것을 뛰어넘는 하나님과의 친밀한 관계를 선사

하실 수도 있습니다. 따라서 천만 원을 잃는 일이 실제로는 선물이 될 수가 있으며, 열심히 일하고 교훈에서 배우려 한다면, 하나님께서는 후에 일억 원을 베푸실 수도 있습니다.

　우리는 베푸심과 거두심의 진정한 의미를 이해해야 합니다. 종종 우리는 특정 상황을 거두심으로 여기지만 실제로는 베푸심일 수 있으며, 그 반대의 경우 역시 마찬가지입니다. 예를 들어, 어떤 사람이 큰 돈을 벌었지만 하나님께 말이나 행동으로 감사 드리지 않을 수 있습니다. 이런 상황이 이어지고 그가 나쁜 방식으로 돈을 탕진할 수도 있습니다. 그러면 하나님께서는 그에게 더 많은 재물과 기회를 주심으로써 하나님께 돌아올 기회를 주실 수도 있습니다. 하나님께서 말씀하셨습니다.

　저들의 고삐를 잠시 늦추더라도, 나의 불가사의한 계획은 확고하도다.(꾸란 68장 *Surah al-Qalam* 45절)

　저들이 마음에 새겨야 할 것을 잊었을 때조차 모든 유익한 것의 문을 열어 주었으며. 저들이 받은 것을 기뻐하고 있을 때에도 갑작스레 과제를 내렸으니, 보라! 저들의 영혼은 붕괴되었고, 악을 행하던 자들은 완전히 제거되었나니. 모

든 찬양은 이 세상을 돌보시는 하나님께 돌려야 마땅하도
다.(꾸란 6장 *Surah al-Anam* 44-45절)

하나님께서 여러분에게 섭리의 문을 열어 주시거나 요
청을 들어 주실 때에는, 선생이 말씀하신 대로 깨달음을 위
한 하나님의 부르심입니다. 첫째, 은총이 여러분에게 매이
도록 하나님께 감사 드리십시오. 둘째, 이 베푸심 뒤에 숨
겨진 지혜와 의미를 성찰하고, 그것이 내포할 수 있는 시련
에 주의를 기울이십시오.

선생은 구체적인 예 두 가지를 들어 말합니다.

"하나님께서는 여러분을 위해 경배의 문을 열어 주시
지만, 받아들임의 문은 열지 않으실 수 있습니다. 그리고
여러분이 죄짓게 되는 운명일지라도 이는 오히려 하나님께
로 가는 수단이 될 수도 있습니다."

하나님께서 문을 열어 주신다면, 여러분은 예배 드리
거나, 꾸란을 암송하거나, 자선을 베풀거나, 단식하거나,
학문을 가르치거나, 종교 활동을 이끄는 등 선행에 나선 자
신을 발견하게 될 것입니다. 그러나 주의하십시오. 여러분
은 가끔 경배 자체가 하나님의 선물이라고 생각할 수 있지
만, 실제로는 그렇지 않습니다. 왜냐하면, 행위를 수행하지

만 보상을 못 받을 수도 있기 때문입니다.

하나님께서 말씀하셨습니다.

> 재물을 하나님의 길에 베풀면서도 곤궁한 사람들의 감정을
> 해치지 않는 자들은 헛되지 않으리니, 보살피시는 분의 보
> 상을 받으리라.(꾸란 2장 *Surah al-Baqarah* 262절)

예컨대 우리의 선행 중 하나인 자선은 이를 필요로 하
는 사람의 감정을 상하게 하는 등의 행동으로 훼손되고 무
위로 돌아갈 수 있습니다. 이러한 행위는 우리의 자선을 무
위로 돌리고, 하늘의 보상을 받지 못할 수 있습니다. 자랑
하거나 칭찬받기 위해 선행하는 사람들은 결국 징벌을 받
을 것입니다.

> 보라, 위선자들은 하나님을 속이려 하나, 그분께서 그들 스
> 스로를 속이게 하심이라. 그들은 마지못해 예배에 참석하
> 나, 오로지 남에게 자랑하거나 칭찬받기 위함이지, 하나님
> 께 대한 생각은 조그만치도 없구나.(꾸란 4장 *Surah an-Nisa*
> 142절)

경배의 주된 목적은 진실성과 도덕적, 영적 이익을 추
구하는 데 있습니다. 진실성과 도덕적, 영적 이익이 결여된

경배 의식은 가치 없는 행위로 간주됩니다. 선지자는 말했습니다.

"위선적인 말과 악행을 버리지 않는 자의 라마단 기간 중 단식은 하나님께서 필요로 하지 않으십니다."

이는 겉으로는 선행처럼 보일 수 있으나, 그러하지 않기에 하나님께서는 그의 라마단 기간의 단식을 받아들이지 않으신다는 의미입니다.

선생이 제시하는 또 다른 예시는 경배 행위와 죄악에 관한 것으로, 바른 이해가 필요합니다. 선생이 말했습니다.

"여러분이 죄를 짓게 될 운명일 수도 있겠지만, 이는 하나님께 다가가는 수단이 될 수도 있습니다."

이맘 이븐 까이임 알-자우지야(Imam Ibn Qayyim al-Jawziyyah)도 비슷한 말을 했습니다.

"저지른 죄가 겸손과 필요를 일으켜 천국으로 인도될 수 있고, 경배 행위는 교만과 편견을 일으켜 지옥으로 인도될 수 있습니다."

물론 죄 짓는 행위 자체가 천국으로 이끄는 것은 아닙니다. 그러나 잘못은 이미 발생했고, 잘못한 사람이 진심으로 뉘우치면 큰 그림에서 그것은 좋은 일이 될 수 있습니다. 이는 회계하고 자신의 태도를 변화시키고, 항상 고통으로 자신의 죄를 기억하며 선행을 통해 보상하려고 최선을 다할 때 진리가 됩니다. 이 경우 겸손과 필요를 일으키는 죄는 장기적으로 하나님 선물이 될 수 있습니다.

그러나 우리들이 죄를 짓고 나서 "결국 겸손해지고 하나님께 회개하기 위해 죄를 짓고 있다"고 말해야 한다는 의미는 아닙니다. 불행히도 이러한 해석은 스스로 수피 무슬림이라 주장하는 일부 무지한 무슬림들이 받아들이는 잘못되고 일탈적인 이해입니다. 실제로 마음속 교만을 부추기는 경배는 선이 아니라 악행입니다. 선지자는 말했습니다.

"겨자씨만큼이라도 교만함을 품고 있다면 천국으로 들지 못합니다."

이러한 문제는 우리의 대응에 달려 있습니다. 선지자께서 말씀하셨습니다.

"믿는 이의 일거수일투족은 모두 선행이며, 믿는 이를 제외한 다른 이들에게는 해당되지 않으니, 이 얼마나 멋진 일인가요? 좋은 일에 감사하는 것, 그에게 좋은 일이고, 불행할 때 인내하는 것, 그에게 좋은 일입니다."

이 하디스는 좋은 결과나 나쁜 결과를 가져오는 원인이 곧 우리 자신임을 이야기합니다. 모든 것은 우리 하기에 달렸습니다! 좋은 일이 생겼을 때 감사하는 마음을 가지는 것, 그것은 우리에게 복이 되고, 나쁜 일이 생겼을 때 인내심을 가지고 견디는 것, 그것도 우리에게 복이 됩니다. 하지만 좋은 일에 교만해진다면 그것은 악한 결과를 초래하고, 나쁜 일에 인내하지 못한다면 그 역시 악한 결과를 초래합니다. 그러므로 우리에게 일어나는 일들이 하늘의 선물인지 아닌지는 우리의 반응에 달려 있습니다.

하나님께서는 항상 사람들을 위한 최선의 선택을 하시지만, 하나님의 선택을 어떻게 받아들일지는 사람들에게 달려 있습니다.

하나님의 손안에 모든 것이 있으니, 그분께서 전능하시다.(꾸란 3장 *Surah al-Imran* 26절)

# 열일곱 번째 단계

# 하나님을 모시며
# 기뻐하고 예배 드리기

**만**약 여러분을 사람들로부터 멀어지도록 하신다면 이는 하나님과 동행의 문을 여시는 것이며, 여러분이 간구하도록 하신다면 여러분에게 무언가를 베푸시고자 하심을 알아차리십시오.

### 자비의 주님이시며 자애를 베푸시는 하나님 이름으로

이 지혜로운 말씀은 하나님께서 베푸심과 거두심을 이해하는 데 있어 또 다른 보기입니다. 선생이 말했습니다.

"만약 하나님께서 여러분을 사람들로부터 멀어지게 하신다면, 하나님과 동행의 문을 열어 주시는 것임을 알아차리십시오."

때로는 하나님께서 가족이나 사랑하는 이의 죽음을 통해 우리를 시험하실 수도 있습니다. 이러저러한 이유로 혼자 먼 곳으로 떠나야 할 수도 있습니다. 감옥에 갇히거나 연락이 두절되거나 병원에 홀로 있을 때, 우리는 외로움과 고립감을 경험할 수 있습니다. 하지만 이 모든 것이 하나님을 향한 여정의 또 다른 단계일 수 있습니다.

선생님께서는 이 모든 시험이 하나님께서 주시는 선물의 형태라는 점을 분명히 했습니다. 비록 확인되지는 않았지만, 이런 선지자의 말씀이 있습니다.

"하나님께서 누군가를 이롭게 하신다면, 그를 사람들로부터 멀어지게 할 것입니다."

이 하디스의 의미는 여기에서 논의된 지혜의 빛으로는 사실일 가능성이 있습니다. 외로움을 느낄 때마다 하나님은 끊임없는 기억과 묵상의 문을 열어 주십니다. 밤낮으로 사람들에게 둘러싸여 있을 때 하나님과의 동행을 느끼기는 어려울 수 있습니다. 그러므로 고립을 시련으로 여길 수 있지만, 실제로는 일종의 선물입니다.

저의 선생님 중 한 분께서는 종종 감옥 생활을 회상하시며 말합니다.

"그곳이 아니었다면 책을 집필하거나 수많은 아이디어를 개발하지 못했을 것이다."

투옥과 고독이 하나님과의 동행을 만들고, 자신의 지식을 사람들에 나눌 기회가 되었습니다. 그것은 선물이었습니다.

선생님께서 말씀하셨습니다.

"하나님께서 여러분이 간구하도록 하실 때, 무언가를 베풀고자 하심을 알아차리십시오."

이는 하나님께서 당신을 시험에 들게 할 수도 있음을 의미하는데, 하나님의 시험은 예배 외에는 다른 해결책이 없을 정도로 어려운 것일 수 있습니다. 아마도 그러한 시험을 겪기 전까지, 여러분은 진심으로 하나님께 예배를 드리지 않았을 수도 있습니다. 예배나 고난이 쓸모없는 것으로 여겼을 수도 있습니다. 그러나 심각한 위기가 닥치고 유일한 해결책이 하나님의 도움뿐일 때, 예배는 훨씬 더 깊고 진실해집니다.

> 고통에서 그대가 예배 드릴 때 응답해 주시는 분이 누구인가?(꾸란 27장 *Surah an-Naml* 62절)

예배는 여러분의 시험이 분명히 끝나지 않은 상태에서도 며칠 혹은 몇 주간 계속될 수 있습니다. 이것은 거두심이 아니라, 지속적인 경배 행위를 통해 하나님께서 주시는 또 다른 소중한 선물이 될 수 있습니다. 선지자께서 말씀하셨습니다.

"간구하는 것이야말로 진정한 경배입니다."[1]

여기서 선생이 말씀합니다.

"하나님께서 여러분에게 간구하도록 하실 때, 무언가를 베풀고자 하심을 알아차리십시오."

하나님은 우리의 간구만으로도 넉넉한 상을 주십니다. 뿐만 아니라 현세나 내세에서도 우리의 기도를 들어 주십니다. 하나님은 우리가 무엇이든 간구할 수 있도록 허락하셨으니, 그것은 그분께서 우리에게 무엇인가를 주시고자

---

1) 티르미디가 전함.

하기 때문입니다. 만약 여러분이 관대한 사람에게 도움을 청하면 그는 분명히 응답할 것입니다. 하물며 하나님께 도움을 청하면 어떠하실까요?

거두심과 베푸심의 잣대를 물질 소득에 기반한 인간의 기준으로 측정해서는 안 됩니다. 진정한 기준이란 우리와 하나님과의 관계입니다. 가끔 하나님은 시험을 주시고 고난을 거둬 가신 후에 여러분과 하나님과의 관계를 더욱 돈독하게 만드십니다. 그 자체가 바로 하나님의 선물입니다.

# 열여덟 번째 단계

# 예배의 수준 높이기

**하**나님은 여러분이 얼마나 쉽게 지루해지는지 아시기에 예배 방법을 다양화하셨습니다. 특정 시간과 방법을 정하지 않으심으로써 극단적 상황을 피할 수 있게 하셨으며, 예배 목적은 단순한 수행에 있는 것이 아니라 그 완성에 있습니다. 예배 드리는 모든 이가 반드시 예배를 완성하는 것은 아닙니다.

**자비의 주님이시며 자애를 베푸시는 하나님 이름으로**

여기서 논의되는 지혜의 말씀은 하나님을 향한 우리의 여정에서 매우 중요한 주제인 예배의 질적 수준과 관련이 있습니다. 지속적으로 경배 드리는 신자라 할지라도 때로는 지루함을 느낄 수 있습니다. 하나님께서는 인간의 본성에 지루함이 내재되어 있다는 것을 아시고, 자애로우신 마음에서 다양한 형태의 경배를 허락하시어 여러 방식으로 경배를 드릴 수 있게 하셨습니다.

예를 들어, 예배는 하루에 다섯 번 드리도록 정해진 경배 행위입니다. 그러나 하나님께서는 심야 예배, 감사 예배, 고난 예배 등 다른 형태의 추가 예배도 권장하셨습니다. 신자가 조건에 따른 경배에 싫증을 느낀다면, 의무적 경배만 수행할 수 있지만 동시에 자선 활동이나 자발적 순례(*Umrah*), 지식 탐구, 이웃에 대한 친절, 또는 다른 사람을 돕는 등 다른 형태의 경배에 참여할 수도 있습니다. 이 모든 것들이 하나님과 더 가까워지는 경배의 방법입니다.

사람들은 각기 다르며, 다양성은 하나님의 보편 법칙입니다. 다양성은 타고난 잠재력에만 국한되지 않고, 다양한 행동을 이해하고 즐길 수 있는 능력에도 적용됩니다. 여기에서 선생은 중단 없이 경배하고자 하는 우리들의 열망에 대한 하나님의 지식을 언급합니다. 하나님께서는 무한한 지식으로 특정 시기에 일부 경배 행위를 금지하셨습니다. 앞에서도 언급했듯이, 선지자는 다음과 같이 말합니다.

"이슬람은 매우 확고한 종교입니다. 그러니 부드럽게 실천하십시오. 탈짐승을 가혹하게 다루는 여행자는 목적지에 도달하지 못할 뿐 아니라, 결국 동물을 죽음에 이르게 할 것입니다."

선지자는 일출 직후, 정오 직전, 또는 오후 예배 시간이 지난 늦은 오후에 예배를 드리지 않도록 권장합니다. 이러한 시간에 예배를 드리지 않는 것은 허락된 예배 시간에 더욱 열심히 경배하고자 하는 우리의 열망을 불러일으키는 지혜 때문입니다. 단식에도 같은 원칙이 적용되며, 라마단이 시작되기 직전이나 이드 축제의 첫날과 같은 특별한 날에는 단식을 할 수 없습니다.

하나님께서 꾸란을 읽을 문을 열어만 주신다면, 여러분은 아마도 하루 종일 그것을 읽으려 할 것입니다. 그렇지만 우리가 예배를 드리거나 절을 하는 이외에, 화장실에 있거나 불결한 상태에서는 꾸란을 읽을 수 없습니다. 우리의 본성을 잘 아시는 하나님은 다양한 형태의 경배를 마련하셨고, 특정 시간에는 이를 금지하셨습니다. 이러한 조치를 통해 하나님은 여러분이 경배의 질을 완벽하게 향상시킬 수 있도록 지도하셨습니다. 선생님은 예배를 예로 말합니다.

"예배의 목표는 단순한 수행에 있는 게 아니라 완성하는 데 있습니다. 예배 드리는 모든 수행자가 예배를 완성하는 것은 아닙니다."

하나님께서는 꾸란에서 예배에 대해 말씀하실 때 '예배에 임하라(꾸란 2장 *Surah al-Baqarah* 43절)'고 요구하셨습니다.

예배에 임한다는 것은 단순히 예배를 드리는 행위와는 다릅니다. 예배에 임한다는 것은 예배를 드리는 동안 겸손과 집중력을 모으는 것을 의미합니다. 하나님께서 말씀하셨습니다.

> 예배 중에 겸손한 신자들은 행복에 이르리라.(꾸란 23장 *Surah al-Muminun* 1-2절)

특정 시간에 예배를 금하는 것은 겸손이 목적입니다. 만약 누군가가 예배를 지루해하거나 극단적으로 연속해서 예배를 드린다면 겸손해질 수 없습니다.

수피 무슬림 개념으로는 예배에서 '경외심(*Khushu*, 쿠

슈'은 지식의 한 부분입니다. 선지자는 심판의 날에 대한 징조들을 설명했는데, 그의 동료인 아부 알-다르다(Abu al-Dardah)가 이를 전했습니다.

"우리가 선지자와 함께 있을 때, 선지자께서 하늘을 바라보며 말씀하셨습니다. "그 징조는 사람들이 지식을 버려서 아무것도 할 수 없게 될 때 나타납니다." 이어서 말씀하셨습니다. "원하신다면, 사람들이 버리는 첫 번째 지식이 무엇인지 알려 드릴 수 있습니다. 그것은 바로 예배에서의 겸손입니다. 그때는 여러분이 아무리 큰 마스지드에 들어간다 해도, 겸손한 상태에 있는 사람을 단 한 명도 찾아볼 수 없을 것입니다.""[1]

실제로 학자들은 예배에서의 겸손을 순종, 경외, 행복의 세 가지 수준으로 분류합니다.

첫 번째 수준은 순종입니다. 이는 우리가 예배를 드릴 때 하나님 앞에 순종하는 마음을 가져야 함을 의미하고, 이는 오로지 하나님께만 머리 숙이고 엎드려 절하는 예배 행동으로 나타납니다. 이러한 행동들은 순종의 표현이며, 오직 하나님께만 보여 드려야 할 행위입니다. 복종하는 마음

---

1) 티르미디가 점함.

이 생기려면, 하나님의 전능하심과 풍부하심, 그리고 권능을 인식하고 우리 자신의 미약함을 느껴야 합니다. 이븐 아따아 선생이 앞서 말한 바와 같이, 굴욕은 궁핍함의 결과입니다. 선생님은 말했습니다.

"굴욕의 나무는 궁핍함의 씨앗으로부터 자랍니다."

우리가 하나님을 열망할 때 겸손한 상태가 됩니다.

두 번째 단계는 하나님께 대한 경외심입니다. 하나님께 순종하는 우리를 더욱 높은 단계로 이끄는 것은 하나님과 그의 권능에 대한 경외심입니다. 하나님께서 말씀하셨습니다.

지극히 자비로우신 분의 메시지가 전해질 때마다, 그들 (선지자들)은 엎드려 절하며 눈물을 흘리는도다.(꾸란 19장 *Surah Maryam* 58절)

이는 하나님께 대한 경외심이 눈물을 흘릴 정도로 깊어진 상태를 의미합니다.

하나님께서 모든 가르침 중에서도 일관되고 신성한 형태에 부합하는 최고의 가르침을 내리셔서, 경외심을 가진 이들이 진리의 말씀에 소름이 돋도록 반복하여 읊조리게 하시니, 하나님의 은혜를 기억하는 이들의 마음과 피부는 결국 부드러워질 것이니라. 이것이 바로 하나님의 인도이며, 그분의 인도를 받지 못하는 자는 길을 잃게 되리라.(꾸란 39장 *Surah az-Zumar* 23절)

선지자의 교우 중 한 사람이 선지자가 예배를 드리는 광경을 목격했는데, 선지자가 기도 드리며 울 때, 가슴에서 물이 끓는 듯한 소리가 났다고 전합니다.[2)

세 번째 수준은 행복입니다. 예배 드릴 때 가장 겸손한 태도는 하나님 앞에 서 있는 데서 느끼는 행복과 기쁨입니다. 예배를 드리면서 꾸란을 낭송하거나 하나님을 찬양할 때 느끼는 행복과 감정의 고조는 겸손의 가장 높은 단계를 나타냅니다. 그때는 천사들이 하늘에서 내려와 귀를 기울이며 평화가 주위에 퍼져 나갑니다.

교우들 중 한 사람, 우사이드 이븐 후다이르(Usayd b. Hudayr)는 다음과 같은 이야기를 전했습니다.

"어느 날 밤, 나는 말을 옆에 묶어 놓고 꾸란의 '알-바까라(꾸란 2장)' 장을 읽고 있었습니다. 그런데 갑자기 말이

---

2) 아부 다우드가 전함.

놀라는 바람에 난감해졌죠. 꾸란 읽기를 멈추자 말이 진정되었지만, 다시 읽기 시작하면 말이 또 놀라기 시작했습니다. 그래서 읽다가 멈추기를 반복했는데, 아들 야흐야(Ya-hyah)가 말 옆에 있어 혹시 밟히기라도 할까 봐 두려움에 읽기를 그만두었습니다. 아이와 함께 자리를 피하며 하늘을 바라보았을 때, 보이는 것은 오직 등불 사이로 가득 찬 낮은 구름뿐이었습니다."

다음 날 아침 선지자를 만났을 때, 그 일을 전하니 선지자께서 말씀하셨습니다.

"후다이르여! 계속 읽었어야 했습니다. 오, 후다이르여! 계속 읽었어야 했습니다."

후다이르는 이어서 말씀드렸습니다.

"선지자님, 제 아들이 말 곁에 있어 다칠까 봐 걱정되었습니다. 그래서 하늘을 살피며 아들에게 다가갔는데, 그저 등불로 가득 찬 듯한 구름만 보였기에 그것을 피해 밖으로 나왔습니다."

선지자께서 물으셨습니다.

"그게 무엇이었는지 아세요?"

후다이르가 모른다고 대답하자, 선지자께서 말씀하셨습니다.

"그것은 천사들이 당신의 목소리를 듣고자 내려온 것이었습니다. 만약 당신이 새벽까지 계속 읽었다면, 그들은 아침까지 함께했을 것이고, 사람들이 볼 수 있을 때까지 떠나지 않았을 겁니다."[3]

알-바라(al-Bara)가 전한 또 다른 이야기가 있습니다.

"어떤 사람이 말을 고삐로 묶어 놓고 꾸란 18장 알-카흐프(*Surah al-Kahf*)를 낭송했습니다. 그러자 구름이 그의 머리 위로 모여들기 시작해 점점 가까워지자 말이 겁먹고 두려워했습니다. 다음 날 아침 그는 선지자에게 이 사실을 전했는데, 선지자께서 말씀하셨습니다. '꾸란을 낭송할 때 찾아오는 것은 평화입니다.'"[4]

여러분이 예배에서 느끼는 행복은 하나님의 은혜에서 비롯되는 것이지 여러분의 행동 결과가 아니라 것을 기억해야 합니다.

아랍 시(詩)에서 노래합니다.

눈 깜빡할 사이에
하나님께서 모든 것을 바꾸시니

---

3) 부카리가 전함.
4) 무슬림이 전함.

한 상태에서 다른 상태로 변하네.

하나님의 은총으로 다음 단계에 도달하기 위한 여러 방법이 있지만, 그중에서도 꾸란의 의미를 숙고하고 하나님의 위대함을 묵상함으로써 겸손을 깊게 할 수 있습니다.

지금까지 언급한 세 가지 수준은 예배뿐 아니라 다양한 형태의 경배 방식에도 드러낼 수 있습니다. 하나님께 대한 순종의 수준은 예배 시에 서서 무릎을 꿇고 엎드려 절하는 동작을 포함하며, 구빈세를 지불하고, 단식에 임해서는 음식과 음료를 자제하며, 순례에 임해서는 카아바 주변을 돌고 사파와 마르와 사이를 오가며 희생을 바치는 외적 행위 등이 그것입니다.

믿음의 수준, 즉 이만(*Iman*)은 마음의 작용을 말합니다. 마음의 기본적 역할은 하나님, 천사들, 경전들, 선지자들, 심판의 날, 그리고 하나님의 정명에 따라 선하든 악하든 장차 일어날 모든 일을 믿는 것입니다. 이러한 마음의 활동은 예배 의식에 보다 깊은 의미를 부여합니다. 예배는 단순히 무릎을 꿇고 절하는 것 이상의 겸손과 하나님께 대한 경외심, 그리고 행복에 대한 것입니다. 구빈세 역시 돈을 내는 행위를 넘어 자선을 베풀고 세속적 일에서 초연함을 유지하는 것을 의미합니다. 단식도 마찬가지로 음식과 음료를 피하는 것을 넘어 인내, 감사, 그리고 명상에 관한 것입니다. 순례는 카아바 주변을 돌거나 사파와 마르와 사이를 오가며 희생물을 바치는 것 이상으로 내세를 기억하고 동료들과 함께 선지자들의 발자취를 따르는 것을 포함합니다.

이흐산(Ihsan)은 높은 수준의 덕목입니다. 우리가 하나님을 직접 뵐 수는 없지만, 하나님이 우리를 보고 계시다는 것을 알고, 그 믿음으로 경배를 드리는 것입니다.

선생이 설명한 바와 같이 하나님께 대한 주의를 기울이는 것에서의 (이슬람에서의)순종의 수준은 꾸란을 낭송하거나 하나님을 언급할 때 집중하는 정도를 말합니다. 하나님과 함께하는 수준이 믿음(Iman, 이만)의 수준으로, 꾸란의 의미를 성찰하며 하나님께 경외심을 경험하는 정도를 의미합니다. 다른 모든 것으로부터 멀어지는 수준은 '탁월함(Ihsan, 이흐산)'의 경지로 주변에서 일어나는 일들에 신경 쓰지 않고 하나님과 온전히 함께 있는 상태입니다.

우리가 순종에서 믿음으로, 믿음에서 탁월함의 경지로 나아갈 수 있도록 하나님께 기도 드립시다.

# 열아홉 번째 단계

## 고통의 호소

고통의 호소는 하나님의 배려를 구하는 가장 탁월한 방법이며, 겸손과 간구를 통해 미덕을 쌓는 가장 직접적인 길입니다.

**자비의 주님이시며 자애를 베푸시는 하나님 이름으로**

여기에서 논의되는 지혜의 말씀은 '간구하는 기도 (*Dua*, 두아)'에 관한 것입니다. 하지만 이는 기도의 예절이 아닌, 기도 드리는 마음가짐에 관한 논의입니다.

하나님은 불신자들의 경험에 대해 물으십니다.

고통을 호소할 때 답해 준 분이 누구이며, 병을 치유하고 이 땅을 상속받게 한 분은 누구인가? 하나님 이외에 어떤 신적인 힘이 존재할 수 있겠는가?(꾸란 27장 *Surah an-Naml* 62절)

이 구절은 하나님께서 곤경에 처한 불신자들이 진심으로 도움을 요청할 때 응답하셨음을 명확히 증언합니다. 불신자들에게도 그렇게 응답하셨을진데, 하물며 신자들이 어려움에 처하여 주님께 도움을 청할 때는 어떠할까요!

그러므로 고난 중에 드리는 간구에 대해 하나님께서는 신속히 응답하십니다. 선생은 말합니다.

"하나님께 간구하는 가장 좋은 방법은 여러분의 고난을 통하는 길입니다."

여러분이 어려움에 처해 모든 방법을 시도했음에도 실

패한 후에 하나님의 도움을 진심으로 간구한다면, 그분께서 반드시 응답하실 것임을 확신하십시오.

하나님께 요청 드리는 문제는 세속적인 것뿐만 아니라 믿음에 관련된 문제에도 해당됩니다. 하나님의 인도를 구하는 가장 좋은 방법은 고난, 소망, 겸손, 그리고 그분의 자비에 대한 희망을 통하는 것입니다. 이는 선지자들이 처한 상황에 따라 기도를 올렸을 때 잘 드러납니다.

바드르(Badr) 전투에서, 선지자는 끼블라(Qiblah, 예배 방향)를 향해 두 팔을 들고 주님께 간절히 기도 드렸습니다.

"하나님이시어, 저에게 약속하신 것을 이루어 주소서. 만약 이 작은 무슬림 군대가 멸망한다면, 오늘부터 당신께서는 이 땅에서 숭배받지 못하실 것입니다!"

선지자는 겉옷이 어깨에서 벗겨질 정도로 오랜 시간 하나님께 간구 드렸습니다.[1] 이것은 곤경에 처한 사람의 간절한 기도였으며, 신속히 응답받은 기도였습니다.

선생은 간구 기도의 또 다른 유용함의 측면을 다음과 같이 설명합니다.

"선한 특성을 습득하는 가장 빠른 방법은 겸양과 요구

---

1) 무슬림이 전함.

를 표현하는 데 있습니다."

　일부 학자들은 '구빈세는 가난한 이들을 위한 것'이라는 꾸란 9장(Surah al-Tawbah) 60절에 대하여 말합니다.

　"만약 가난한 사람이 구빈세를 요구한다면, 누군가는 그것을 지불할 것입니다. 그러나 그 사람이 하나님께 직접 요청한다면 어떨까요? 분명히 하나님께서는 그 사람에게 더 많이 베푸실 것입니다."

　우리가 전통적으로 알고 있는 선지자의 가르침을 따른다면, 예배 드리는 이는 끼블라를 향해 손을 들고 하나님을 찬양하며 선지자에게 평화와 축복을 구함으로써 예배를 시작해야 합니다. 예배 중간과 마지막에도 선지자에게 평화와 축복을 구하는 것이 바람직합니다. 하지만 이는 외적 예배 행위에 해당합니다. 하나님께 예배 드릴 때 가장 중요한 것은 마음의 자세입니다. 우리는 선지자의 다른 가르침을 따를 때에도 이를 종종 간과합니다.

　선지자는 아침에 일어날 때, 잠자리에 들 때, 옷을 입거나 벗을 때, 거울을 볼 때, 몸을 씻을 때, 초승달을 볼 때, 그리고 아침과 저녁에 외출하거나 집에 돌아올 때와 같은 특정한 상황에서 특정한 기도문을 외우곤 했습니다. 단순히 이 기도문들을 암기하고 반복하는 것만으로는 선지자의 길을 따르기에 충분하지 않습니다. 우리는 항상 하나님과의 연결을 가능하게 하는 이면의 영성을 추구해야 합니다.

역사를 통해 선지자 무함마드만큼 지속적으로 간구 기도의 물결을 일으킨 인물은 이전의 어떤 선지자들에서도 찾을 수 없습니다. 시편, 토라, 복음서를 살펴봐도 무함마드의 전승을 연구하면서 접하게 되는 간구 기도의 양에는 미치지 못할 것입니다.

또한, 선지자 무함마드의 간구 기도는 깊은 감정을 동반한다는 것을 알 수 있습니다. 아따아가 선지자의 아내 아이샤에게 선지자에 대해 목격한 가장 놀라운 일을 물었을 때, 그녀는 눈물을 흘리며 대답했습니다.

"그분에게서 놀랄 만한 일이 왜 없겠습니까? 어느 날 밤, 그분이 제 옆에서 잠자리에 들었습니다. 제 살이 닿자 그분이 말씀하셨습니다. '아부 바크르의 딸이여, 나는 이제 주님께 경배를 드리러 가야겠소.' 그래서 '저는 당신과 함께 있는 것이 좋지만, 당신 뜻대로 하시는 것이 더 좋겠지요.'라고 대답했습니다. 그리고 그분을 보내 드렸습니다. 그분은 물을 아껴 가며 목욕을 하시고, 예배 드리며 울기 시작하셨는데 눈물이 가슴을 타고 흘러내릴 정도였습니다. 그리고는 무릎을 꿇고 울며 큰절하면서도, 고개를 들어서도 계속 울음을 터뜨리셨습니다. 그렇게 새벽까지 계속 우셨습니다. 새벽 예배 시간이 되자, 빌랄(Bilal)이 와 예배 시간임을 알리며 선지자에게 우는 이유를 물었습니다. '선지자님, 왜 그렇게 우시나요? 하나님께서는 당신의 죄를, 아직 짓지도 않은 죄까지 모두 용서하셨지 않습니까?' 선지자께서 답하셨습니다. '나는 하나님께 감사 드리는 종복이 되어야 하지 않겠소? 어찌 감사 드리지 않을 수 있으리요?'"[2]

때로 기도는 곧바로 응답되기도 하고, 나중에 응답될 수도 있습니다. 선지자는 말을 전했습니다.

"심판의 날에 종복들은 기도로 간구했던 것에 대해 보상받게 될 것이며, 그동안 미뤄졌던 응답들이 더 이상 필요 없을 만큼 큰 보상이 될 것입니다."

하나님께서 여러분의 기도에 즉시 응답하지 않으실 때, 하나님께서는 여러분을 위한 최선의 선택을 하신다는 확신을 가지십시오. 하나님은 여러분을 위해 항상 최선을 선택하십니다. 하나님께서 스스로에 대해 말씀하셨습니다.

그분의 손안에는 모두가 선(善)이노라.(꾸란 3장 *Surah al-*

---

[2] 부카리가 전함.

*Imran* 26절)

그리고 하나님의 베푸심은 이승에서일 수도 저승에서일 수도 있으니, 선택은 그분의 뜻입니다.

그대의 주님께서는 원하시는 바를 이루시고 인류에게 최선을 선택하시는도다.(꾸란 26장 *Surah al-Shuara* 68절)

# 스무 번째 단계

# 믿음의 확실성과
# 세상에 대한 무관심

깊은 믿음의 빛이 여러분을 비추면 내세로 여행하기 전에 그 곳을 볼 수 있게 되고, 이 세상에 놓인 덫들이 눈앞에서 사라지게 됩니다.

**자비의 주님이시며 자애를 베푸시는 하나님 이름으로**

현세에서 하나님께로 가는 여정은 내세에서의 여정보다 훨씬 짧습니다. 죽음은 우리 모두에게 현실이며, 이를 잊어서는 안 됩니다. 신자이건 아니건 모든 인간에게 죽음은 이 삶의 확실한 종말임에 동의합니다.

선지자는 우리가 현세만을 위해 노력을 기울이는 데 대해 경고했습니다. 그렇다고 현세에서 우리의 삶을 내세를 위한다는 구실로 무관심해야 한다는 뜻도 아닙니다. 선지자께서 말씀하신 바는 우리가 내세를 잊어서는 안 된다는 것입니다. 선지자께서 말씀하셨습니다.

"아침에 일어나 세상일에만 관심을 두는 사람이라면, 하나님께서 그를 흩어지고 산산이 부서지게 할 것이니, 그는 두려움과 상실감 속에서 이미 이 세상에서 정해진 것 이상을 얻지 못할 것입니다. 하지만 아침에 일어나 내세를 생각하는 이에게 하나님께서는 집중력과 만족감을 주시며, 독립감을 느끼게 하실 것이고, 세속적 이익은 확실히 함께 따를 것입니다."[1]

---

1) 티르미디가 전함.

아침에 눈을 뜨자마자 여러분의 마음에 가장 먼저 떠오르는 것이 무엇인지 자문해 보십시오. 어떤 목표를 가지고 계신가요? 저세상에 대한 생각일까요, 아니면 신에 대한 생각일까요? 만약 그렇다면, 하나님께서는 여러분에게 만족을 주실 것이며, 여러분이 관심을 갖지 않음에도 세속적 삶이 여러분을 찾아올 것입니다.

이와 반대로, 일어나자마자 세속적 생각에 빠진다면, 그것이 비록 합법적이라 할지라도, 하나님은 당신을 흩어버리고 조각 내실 것이라 선지자는 말합니다. 이는 여러분 자신이 스스로 이룬 것에 만족하지 못함을 뜻합니다. 오히려 스스로를 여전히 가난과 부족함에 시달리고 있다고 느끼며, 탐욕은 결코 그치지 않을 것입니다.

문제는 우리가 어떻게 하면 내세를 생각하는 수준에 도달할 수 있을지? 그리고 어떻게 하면 우리 마음속에 항상 내세에 대한 생각을 불러일으킬 수 있을지? 하는 것입니다. 선생은 내세에 대한 우리의 생각을 믿음의 확신과 연결합니다. 신앙에 대한 확신이 깊어질수록 내세에 대한 관심도 더욱 커질 것이라고 말씀하십니다. 지혜의 말씀에서 선생은 그 의미를 요약합니다.

"깊은 믿음의 빛이 여러분을 비추면, 내세를 여행하기

전에 그곳을 볼 수 있고, 이 세상의 덫들이 눈앞에서 사라지게 될 것입니다."

선생님은 믿음의 확실성을 내세에 대한 염두와 연결합니다. 그렇다면 우리는 어떻게 믿음의 확신으로 이를 수 있을까요? 그 해답은 하나님의 말씀에 있습니다.

> 믿음의 확신이 생길 때까지 주님께 경배를 드리도록.(꾸란 15장 *Surah al-Hijr* 99절)

선지자의 동료들도 꾸란을 공부하고 하나님께 예배 드릴 때 이와 같은 감정을 느꼈습니다. 선지자의 한 동료가 말했습니다.

"우리가 선지자와 함께 앉아 신앙에 관한 문제를 논의할 때, 마치 우리 눈앞에 천국과 지옥이 펼쳐지는 듯했습니다."[2]

다시 말씀드리지만, 이것이 우리가 세상으로부터 고립되거나 세속적 삶을 포기해야 한다는 의미는 아닙니다. 이러한 관점은 내세를 생각하는 문제의 잘못된 이해로, 부적절한 실천으로 이어집니다. 이 세상에 대한 무관심은 세상을 포기하는 것이 아니라, 영적 차원에서 내세를 인식하고

---

2) 이븐 마자가 전함.

이 세상과 내세 사이의 균형을 찾는 길을 의미합니다.

> 재산에 너무 집착하지 말 것이니, 하나님은 헛된 찬양을 사
> 랑하지 않으심이라. 하나님께서 허락하신 것으로 내세를
> 추구하되 현세의 몫을 잊지 말고, 하나님께서 선을 베푸시
> 듯 땅 위에서 선을 행하며 부정부패를 금하라. 진정으로 하
> 나님께서는 부정부패를 사랑하지 않으심이라. (꾸란 28장
> *Surah al-Qasas* 76-77절)

선생이 말했습니다.

"이 세상 화려한 것들이 여러분 눈앞에서 사라져 가는
것을 목격하게 될 겁니다."

실제로 이 세상은 끊임없이 사라지고 있습니다. 하산
알-바스리(Hasan al-Basri)도 이에 대해 언급했습니다.

"아담의 후손들이여, 여러분은 단지 며칠 동안 존재할
뿐이니, 날마다 여러분의 일부가 사라져 가고 있습니다."

선생은 여러분이 내세에 대한 깊은 믿음을 가지고 있
다면, 이 세상이 눈앞에서 사라지는 것을 볼 수 있을 것이
라 말합니다. 이런 조언은 여러분이 현세의 쾌락에 무관심
해지게 하고, 내세에 더 가까워지도록 이끌 것입니다. 우
리는 너무나 쉽게 내세를 잊고, 죽음에 대해 생각하지 않기

때문에 이러한 깨달음은 매우 필요합니다.

어느 날, 누군가의 선행을 칭찬하는 교우들의 이야기를 듣고, 선지자는 그들에게 그 사람이 죽음에 대해 말한 적 있었는지 물었습니다. 사람들이 죽음에 관한 한 그가 하는 이야기를 들은 적 없다고 대답했습니다. 선지자는 말했습니다.

"그렇다면 거기에 여러분의 친구는 없습니다."

이것은 죽음에 대한 생각이 곧 내세를 위한 준비임을 의미하며, 죽음을 생각하지 않는 사람은 천국의 높은 단계에 이를 수 없다는 것을 뜻합니다. 오로지 현세만 추구하는 고군분투는 양쪽 삶 모두에 손해를 가져오지만, 내세를 준비한다면 두 세계 모두에서 성공을 거둘 수 있습니다.

이 세상에서 보상을 바란다면 현세와 내세의 모든 보상이 하나님과 함께 있음을 기억해야 하리니 하나님은 모두 들으시고 보시는도다.(꾸란 4장 *Surah an-Nisa* 134절)

현세에서의 즐거움을 돌보는 일이 해롭지는 않습니다. 그러나 우리 삶이 우리 손안에 있어야지 우리 가슴속에 있어서는 안 될 것입니다. 이것이 바로 주흐드(*Zuhd*), 즉 세상에 대한 초연함의 올바른 정의입니다. 바로 이 세상과 그 즐거움을 손에 쥐되, 마음속에 두지 않는 것입니다.

# 스물한 번째 단계

## 타인의 칭찬에 대처하기

> **사**람들이 지레짐작으로 당신을 칭찬한다면, 당신이 확실히
> 아는 자신의 실체로서 자책해야 합니다. 자신에 대해 진실
> 로 알고 있는 것을 부정하고 타인이 추정한 것을 믿는 사람은 가
> 장 어리석은 사람입니다.

**자비의 주님이시며 자애를 베푸시는 하나님 이름으로**

하나님을 향한 여정에서 우리는 많은 시험에 직면하게 될 것입니다. 그중 하나는 사람들이 우리에 대해 지레짐작으로 칭찬하는 경우입니다. 이번 지혜의 말씀은 사람들의 칭찬에 어떻게 대응해야 하는지에 관한 질문에 답합니다.

사람들의 칭찬은 심각한 위험을 부를 수 있습니다. 어떤 사람이 선지자 앞에서 다른 사람을 칭찬했는데, 선지자가 말했습니다.

"아이구 저런, 그대에게 화가 있을 것입니다. 그대는 친구의 목을 베었으니까요."

선지자는 이 말을 여러 번 반복하며 다음과 같이 말했습니다.

"만일 누군가를 칭찬해야 한다면, 반드시 '내 생각에는 그 사람이 이렇고 저렇다'고 말해야 합니다. 하나님만이 그 사람의 진실을 아시고 책임지시기 때문에, 누구도 하나님 앞에서 거룩할 수 없습니다."[1]

다른 언행록에서 선지자가 전한 말씀입니다.

---

1) 부카리가 전함.

"다른 사람을 칭찬하는 이를 보면 그의 얼굴에 먼지를 뿌리도록 하세요."[2]

칭찬은 하나님께 드리는 기쁨에서 사람에 대한 기쁨으로, 사람들의 칭찬을 얻거나 비판으로부터 벗어나려는 방식으로 누군가의 의도를 변질시킬 수 있습니다. 또한 자신이 진심으로 완벽하며 훌륭한 행동을 했다고 믿게 만들어 더 이상의 선한 행동에 나서지 못하게 할 수도 있습니다. 뿐만 아니라, 칭찬은 [칭찬받는 자로 하여금]스스로의 결점을 간과하고 장점만을 인식하도록 만드는 부정적인 측면도 있습니다.

지혜의 말씀에서 선생이 말합니다.

"사람들이 당신을 지레짐작으로 칭찬할 때, 당신은 확실히 자각하는 자신의 실체로서 자책해야 합니다."

사람들은 가정과 겉모습로부터 얻은 정보를 바탕으로 칭찬합니다. 하지만, 우리는 누구보다도 자신과 자신의 결점을 잘 알고 있습니다. [앞에서 들었던]선생의 말을 기억해야 합니다.

"자신의 결점을 찾아내려는 노력은 자신에게 숨겨진

---

2) 무슬림이 전함.

영적 세계를 발견하려는 노력보다 낮습니다."

자신의 결점을 인식하게 되면, 타인으로부터 칭찬을 받을 때 그 결점을 되돌아보고 스스로 책임져야 합니다. 이를 통해 하나님께 자신의 죄를 용서받고 결점을 고치도록 기도하게 될 것입니다.

이 내용은 경건한 사람들에 관한 알리 이맘의 훌륭한 연설을 상기시킵니다. 알리 이맘은 교우들을 묘사하면서 이렇게 말했습니다.

"만약 누군가가 여러분 중 한 사람을 칭찬하면, 그는 말합니다. '나는 누구보다도 나 자신을 잘 알고 있으며, 하나님께서는 나 자신보다 나를 더 잘 아십니다. 하나님이시여, 그들이 나에 대해 하는 말로 나를 시험에 들지 않게 해주시고, 그들이 생각하는 것보다 나를 더 나은 사람으로 만들어 주시며, 그들이 모르는 나의 죄를 용서해 주소서.'"

알리 이맘의 설명에 따르면, 선지자의 교우 중 한 명이 어떤 사람으로부터 칭찬받았을 때 말했습니다.

"나는 누구보다 나 자신을 잘 압니다."

이것은 이븐 아따아 선생의 설명과도 같습니다. 그 교우는 이어서 말합니다.

"주님께서는 저에 대해 저보다 더 잘 아십니다."

이는 나의 결함이나 실수를 자신보다 하나님께서 더 잘 알고 계신다는 의미입니다. 마지막에 그는 하나님께 간구하면서 마쳤습니다.

"저들이 생각하는 것보다 더 나은 사람으로 만들어 주시옵소서."

저들이 나를 좋게 생각하니, 그보다 더 나은 사람이 되게 해 달라며 말했습니다.

"하나님이시여, 저들이 알아차리지 못한 저의 잘못을 용서해 주시기 바랍니다."

때로는 사람들의 칭찬이 하나님의 약속된 보상을 빼앗아 가기도 합니다. 그것은 그들의 선행이 하나님께 기쁨을 드리기 위하는 것이 아니라, 사람들의 좋은 평가를 얻기 위함이기 때문입니다. 우리는 이런 행위를 위선이라고 부릅니다. 선생이 말합니다.

"신자가 칭송받는다면, 자신에게 없는 것으로 칭송받음을 하나님 앞에서 부끄러워해야 합니다. 가장 어리석은 사람은 자신에 대해 진실로 아는 바를 부정하고 타인의 가정을 믿는 사람입니다."

내가 자신에 대한 스스로의 확신을 포기하고, 다른 사람들이 나에 대해 하는 가정을 믿어야 할까요?

사람들의 칭송이 무슬림에게 기쁜 소식이 될 수도 있습니다. 아부 다르가 전한 바에 따르면, 어떤 사람이 선지자에게 물었습니다.

"누군가가 선을 행하고 사람들이 그를 칭찬한다면, 선지자님의 의견은 어떠십니까?"

선지자께서 말씀하셨습니다.

"무슬림에게 기쁜 소식입니다."[3]

꾸란도 동일한 의미를 전합니다.

그들에게 현세와 내세에서 기쁜 소식이 있으리라.(꾸란 10장 *Surah Yunus* 64절)

따라서 무슬림들은 사람들이 자신의 삶에서 하나님이 만들어 주신다고 생각하는 차이에 감사할 필요가 있습니다. 그러나 자신의 결점 역시 잊지 말아야 합니다.

---

3) 무슬림이 전함.

# 스물두 번째 단계

# 타인의 잘못에 대한 관용

> **타**인의 비밀을 알게 되었을 때, 경건함을 잃고 자비롭지 못한 사람은 큰 위험과 재앙에 직면하게 됩니다.

**자비의 주님이시며 자애를 베푸시는 하나님 이름으로**

한 사람의 지식과 인식이 증가하면, 다양한 사회적 문제에 직면하게 되며, 이를 통해 타인의 비밀이나 결함, 문제점을 알게 되는 상황에 처하게 됩니다. 이러한 현상은 어떤 문제에 대해 상담받거나 개인, 가족, 사회적 수준에서 특정 분쟁의 중재자가 될 때 나타날 수 있습니다. 지식의 또 다른 원천은 시간이 지남에 따라 축적되는 경험과 통찰력으로, 이를 통해 타인의 외모, 말이나 글 속 뉘앙스를 기반으로 사람들의 본성과 실제 성격을 판단할 수 있습니다.

다른 사람의 비밀이나 약점을 아는 것은 일종의 권력입니다. 남의 비밀을 알게 된 신자는 그 정보를 다루는 방법 역시 알아야만 합니다. 이에 선생이 말합니다.

"타인의 비밀을 알게 될 때, 하나님의 자비를 갖추지 못한 사람은 큰 위험과 재앙에 직면하게 됩니다."

첫째, 자신이 재판관으로서의 권한을 하나님으로부터 부여받았다고 생각하거나, 자신이 알게 된 비밀을 바탕으로 정의를 수립하는 중대한 사명을 맡고 있다는 착각에 빠져서는 안 됩니다.

둘째, 타인의 비밀과 관련하여 선생이 말한 경건한 너

그리움을 간직해야 합니다. 하나님의 자비란 다른 사람의 실수를 공개하지 않는 것을 의미합니다. 하나님께서는 사람들의 잘못을 감춰 주시는 분이십니다. 마이즈(Maiz)라는 사람이 선지자에게 찾아와 간음을 고백했습니다. 그때 옆에 있던 교우 핫잘(Hazzal)이 말했습니다.

"제가 그 현장을 목격했으므로 선지자님께 고백하라고 권했습니다."

그러자 선지자가 대답했습니다.

"핫잘이여, 만약 당신의 외투로 그를 덮어 주었다면 더 나았을 것입니다."[1]

타인의 잘못을 드러내거나 그것을 이용해 곤경에 빠뜨리는 일은 큰 죄입니다. 선지자는 말했습니다.

"이 세상에서 남의 허물을 숨겨 주는 이는 부활의 날에 하나님께서 그의 허물을 덮어 주실 것입니다."[2]

셋째, 하나님의 자비를 실천하기 위해 사람들에게 조언하고 그들 스스로의 결함을 수정하여 선한 행동을 하도록 유도해야 합니다. 이는 하나님께서 말씀하신 후 선지자

---

1) 아부 다우드가 전함.

2) 무슬림이 전함.

가 다루었던, 위선자들이 마음속에 숨기고 있는 것들을 드러내는 방식입니다.

> 하나님께서 모든 사람들의 마음을 다 아시니, 그들을 내버려두되 조언하고, 진지한 성찰을 통해 그들 자신에 대해 말하도록 하라.(꾸란 4장 *Surah an-Nisa* 64절)

하나님께서 무엇인가를 직접 명령하실 때는 항상 가장 부드러운 방식으로 하셨습니다. 선지자는 말씀하셨습니다.

"만약 그들이 회개한다면 나는 분명히 그들을 사랑할 것이며, 회개하지 않는다면 환자가 낫기 전까지 계속해서 돌보는 의사와 같이 될 것입니다."

사람들에게 하나님의 자비를 갖추는 일은 질병을 치료하는 의사와 같이 점진적 접근을 요구합니다. 의사는 효과적으로 치료될 때까지 여러 약을 시도합니다. 능숙한 의사라면 마지막 수단으로 수술을 고려합니다.

마지막으로, 하나님의 자비를 발휘하기 위해서는 타인의 비밀이나 알게 된 정보를 다룰 때 개인적 이해관계에서 벗어나야 합니다. 앞서 언급한 바와 같이, 타인의 비밀을 아는 것은 일종의 권력으로 작용할 수 있습니다. 일부 무지막지한 사람들은 자신의 이익을 위해 그 영향력을 사용할 수 있습니다. 이는 하나님의 자비라는 개념과 모순되며, 하나님의 자비는 자신의 이익을 무시하고 오로지 타인의 행동을 그들을 위해 바로잡고 수정하는 것을 목표로 합니다.

타인의 결함을 알고도 자비롭지 못한 사람은 횡포, 오만, 자만, 시기, 의심과 같은 위험에 빠질 수 있습니다. 이러한 특성들은 매우 위험하고 파괴적이며, 이승과 저승 모두에서 처벌받을 수 있습니다. 선생은 말하였습니다.

"타인의 비밀을 알게 되었을 때, 하나님의 자비를 갖추지 못한 사람은 큰 위험과 재앙에 직면하게 됩니다."

이 지혜의 말씀은 선지자의 하디스에서 강조됩니다.

"불의의 죄만큼 더 빨리 천벌받는 죄는 없습니다."[3]

꾸란은 가르칩니다.

**염탐하지 말라.**(꾸란 49장 *Surah al-Hujurat* 12절)

하지만 누군가의 비밀이 우리 앞에 드러난다면, 선생님이 말씀하신 것처럼 하나님의 자비를 갖추어야 합니다.

그렇지 않다면, 하나님을 향한 여정이 아니라 뒷걸음질치게 될 것입니다.

---

3) 아비 하나피의 무스나드가 전함.

# 스물세 번째 단계

# 하나님의 은혜와
# 자기 결점을 발견하기

하나님께 향한 소망의 문이 열리기 바란다면 하나님께서 베푸신 것을 기억하고, 그분께 향한 경외의 문이 열리기 소망한다면 이제까지 바친 내용을 상기하십시오.

### 자비의 주님이시며 자애를 베푸시는 하나님 이름으로

우리의 죄와 망각, 욕망이 때때로 하나님을 향한 우리의 여정을 막아 하나님께 대한 갈망을 느끼지 못할 때가 있습니다. 여기서 선생님은 이성을 통해 열 수 있는 두 문으로 우리를 인도합니다. 이성은 하나님께서 우리에게 주신, 언제든지 사용할 수 있는 도구입니다. 그리고 두 문은 희망과 경외의 문입니다. 선생은 두 가지 질문을 던집니다.

"우리가 마음속으로 희망을 느끼지 못한다면, 어떻게 희망의 문이 열릴 수 있을까요? 그리고 우리가 마음속으로 경외심을 느끼지 못한다면, 어떻게 경외심의 문이 열릴 수 있을까요?"

하나님께서 여러분에게 베푸신 은혜를 세어 보고, 하나님께 드린 경배와 선행을 되돌아보라고 말합니다. 하나님의 은혜는 헤아릴 수 없이 크기 때문입니다. 하나님께서 말씀하셨습니다.

그대가 하나님의 축복을 가늠해 보려 하더라도 결코 셈하지 못하리라. (꾸란 16장 *Surah an-Nahl* 18절)

여러분이 만약 하나님의 은혜 중 하나만이라도 생각한

다면, 그분의 너그러우심과 관대함, 자비로움을 깨달을 수 있습니다. 하나님의 뜻을 생각할 때 자비, 관용, 그리고 은혜에 대한 희망의 문이 우리 앞에 열리며, 우리의 결함을 생각할 때 경외감과 함께 마음속 문이 열립니다.

희망과 경외심 사이에서 믿음을 가진 이들의 상태는 이븐 알-까이임(Ibn al-Qayyim)이 묘사한 것처럼 한쪽 날개에는 희망을, 다른 쪽 날개에는 경외심을 단 양 날개의 새와 같을 것입니다. 상반되는 것들 사이의 균형을 잡는 것은 하나님께서 정한 보편 법칙 중 하나입니다. 그러므로 우리는 새가 하늘을 날 수 있도록 희망과 경외심 사이의 균형을 유지해야 합니다. 한쪽 날개만으로는 날 수가 없습니다.

# 스물네 번째 단계

# 우선순위 설정

**의**무를 다하지 않으면서 선택적 선행에 적극적인 사람은 자신의 변덕을 따른다는 증거입니다.

**자비의 주님이시며 자애를 베푸시는 하나님 이름으로**

하나님께로 향한 여정의 다음 단계에서는 건전한 지식과 깊은 이해가 요구됩니다. 선지자는 말씀하셨습니다.

"하나님께서 누군가를 높이시고자 하실 때, 그에게 신앙의 지식을 주십니다."[1]

법 해석 지식(피끄, *Fiqh*)은 단순히 신앙 의식이나 사회적 측면에 관한 법적 판단에만 국한되지 않습니다. 원칙적으로, 피끄는 이슬람 법과 다양한 판결에 대한 깊은 이해와 판단을 의미합니다. 이러한 깊은 이해는 하나님을 향한 여정에서 매우 중요한 역할을 합니다. 이슬람 법에서는 원칙인 '우술(*Usul*)'과 부차적 문제인 '프루(*Furu*)'가 있습니다. 원칙은 부차적 문제보다 우선합니다. 의무와 선택적 선행이 있는데, 의무가 선택적 행위에 우선합니다. 또한 큰 죄와 작은 죄가 있으며, 큰 죄를 피하는 것이 작은 죄를 피하는 것보다 중요합니다. 심장의 작용은 신체 다른 기관의 작용보다 중요하므로 우선순위가 높습니다. 마음이 저지르는 죄는 다른 신체 기관이 저지르는 죄보다 훨씬 더 위험합

---

1) 부카리가 전함.

니다. 이러한 차이점과 그 영향을 제대로 인식하지 못하면, 이슬람 법에 대한 올바른 이해 없이 충동적 변덕을 따를 수 있습니다. 또한, 우선순위에 대한 지식이 없다면, 신앙의 본질이 아닌 겉모습만을 따르게 됩니다.

예를 들어, 여러분에게 금전적인 여유가 생겨 성지 순례를 떠나거나 마스지드 건축에 기여할 수 있는 입장이라면, 성지 순례를 우선하는 것이 바람직한 결정입니다. 성지 순례는 이슬람의 중요한 의무 중 하나이므로 먼저 이행해야 하지만, 마스지드 재건축이나 장식은 선택적 일로 반드시 필요한 것은 아닙니다. 선택적 행동을 원칙적 의무보다 우선시한다면, 그것은 선생님이 말씀하신 올바른 길이 아니라 자신의 충동을 따르는 것이 됩니다.

그럼에도 만약 노부모가 병상에 누워 계시다면, 그 돈은 부모님을 위해 사용하고 성지 순례는 미뤄야 합니다. 부모님을 돌보는 것은 즉각적 의무이며, 성지 순례는 연기할 수 있는 의무입니다. 반대로 행동한다면, 그것은 올바른 판단이 아니라 충동을 따르는 것입니다.

다음은 또 다른 예시입니다. 처음 방문하는 마스지드에서 방문 예배와 의무 예배 시간이 겹친다면, 방문 예배를 건너뛰고 의무 예배를 드려야 합니다. 마스지드 방문 예배를 드리다 의무 예배 시간을 놓치는 일은 잘못된 판단에서 비롯된 충동적 행동일 뿐입니다. 유감스럽게도 일부 사람들은 기본 신앙 의무를 소홀하면서 선택적 선행, 특히 의식적 절차에만 몰두합니다. 부모님에 대한 공경이 의무라는 점은 모두가 동의할 것입니다.

주님께서 명하시길 그분 외에는 경배하지 말며, 부모를 보살펴야 하니 그들이 나이 들어 돌봄이 필요할 때 윽박지르지 말고 친절히 대하라.(꾸란 17장 *Surah al-Isra* 23절)

신뢰를 받을 때에는 보답하는 것도 의무입니다.

신뢰를 지킬 것이며, 하나님을 의식하도록.(꾸란 2장 *Surah al-Baqarah* 283절)

믿는 사람들은 저주하지 말도록 요구받습니다. 선지자는 말씀하셨습니다.

"믿는 이들에게 그게 무엇이건 누구이건 간에 저주하거나 명예를 훼손하는 일은 옳지 않습니다."[2]

유감스럽게도, 오늘날 사회나 공동체의 일부 사람들은

---

2) 부카리 하디스의 의무적 도의(obligational ethic)에서 전함.

선지자의 생활 방식을 표방하고 선지자의 복장, 외모, 자세 등의 전통을 따른다고 주장하면서도 부모를 학대하거나 부정한 방법으로 재산을 축적하거나, 일반인들의 신뢰와 자원을 이용하거나, 다른 사람을 저주하고 배신하는 행위를 일삼습니다. 즉, 겉모습만을 드러내며 전통을 따른다고 하지만 진정한 의무에는 소홀합니다.

일부 사람들은 의무 예배는 수행하지 않으면서, 심지어는 아주 곤란한 상황에서도 이드(*Eid*) 예배는 적극 수행합니다. 이는 선택적인 충동적 행동의 또 다른 예입니다. 또한, 일부는 공공 장소나 텔레비전 프로그램에서 심각한 잘못을 저지르면서도 해마다 임의 순례(*Umrah*)를 행하는 모순된 행동을 보입니다. 우므라는 선택적 행위일 수 있지만, 부정적 영향을 금지하는 것은 의무입니다.

우리는 종종 선택적 선행에 대한 하나님의 말씀을 하디스에서 듣습니다.

"나의 종복이 추가의 선행을 통해 나에게 다가올 때, 나는 그를 사랑하게 될 것이며, 그를 사랑하게 된다면 그가 듣는 귀가 되고, 그가 보는 눈이 되며, 그가 만지는 손과 그가 걷는 발이 되어 주리라."[3]

---

3) 부카리가 전함.

그러나 우리는 "나의 종복이"라는 말이 이 하디스의 시작이 아니라는 것을 잊어선 안 됩니다. 이 하디스는 완전히 다른 말로 시작합니다.

"나의 종복들에게는 그들에게 명한 의무보다 내 사랑으로 더 가까이 이끄는 것이 없으니."

우리가 예배 드리고, 구빈세를 내며, 단식과 성지 순례를 마치고, 범죄를 피하며, 부모님을 잘 보살피고, 남녀노소에게 친절을 베푸는 등 주어진 의무를 다한다면, 천국에 들게 될 것입니다. 선지자는 이슬람에 대해 질문을 받았을 때, 형식적 내용이나 겉모습으로 설명을 시작하지 않았습니다. 한 베두윈이 선지자에게 다가와 물었습니다.

"예배에서 하나님께서 명령하신 의무는 무엇입니까?"

선지자가 대답했습니다.

"선택적으로 추가 예배를 드리지 않더라도, 하루 다섯 번의 의무 예배를 완전히 수행해야 합니다."

여기서 선지자는 추가 예배에 대해 언급하지는 않았지만, 이어지는 전승에서 그 밖의 다른 의무 사항들에 대해 언급하고 있습니다. 베두윈은 계속 물었습니다.

"단식에 대해 명령하신 의무는 무엇인지요?"

선지자가 대답했습니다.

"선택적으로 추가 단식을 하지 않더라도, 라마단 달 전 기간은 단식해야 합니다."

베두윈은 다시 물었습니다.

"하나님께서 정한 구빈세의 액수는 얼마입니까?"

그러자 선지자는 그에게 이슬람의 기본 원칙을 설명해 주었습니다. 베두윈이 말했습니다.

"당신을 존귀하게 만드신 분께 맹세코, 저는 추가적 경배는 하지 않겠지만, 정해진 의무 경배는 결코 소홀하지 않겠습니다."

선지자가 말했습니다.

"그가 맹세를 지킨다면, 성공할 것이며 천국으로 들 것입니다."[4]

이 하디스에서 선지자의 마지막 말은 선택적 추가 경배 행위 없이도 하나님께 의무를 성실히 수행하면 성공하고 천국에 들어갈 수 있음을 시사합니다.

우리가 올바른 이해와 건전한 지식으로 그분을 향한 여정에서 잘 인도받을 수 있도록 하나님께 기도 드립니다.

---

4) 부카리가 전함.

# 스물다섯 번째 단계

# 주님을 이야기하기

> **모**든 이야기는 이야기하는 사람의 마음의 외피를 쓰고 나옵니다. 하나님께서 허락하신다면 여러분이 전하고자 하는 말과 몸짓은 사람들에게 이해될 것입니다.

**자비의 주님이시며 자애를 베푸시는 하나님 이름으로**

이번 여정의 단계에서는 사람들에게 하나님께 대해 이야기하는 믿는 이들에 관련됩니다. 모든 믿는 이들은 사람들을 창조주께 초대하여 주님을 상기시키며, 개혁에 참여할 책임이 있습니다.

> 내가 바라는 것이 있다면 개혁이니 내 능력 안에 있도다.(꾸란 11장 *Surah Hud* 88절)
>
> 말하라(선지자여), '이성과 통찰력으로 그대들을 하나님께 초대하노니, 나와 내 동료들의 길이니라.'(꾸란 12장 *Surah Yusuf* 108절)

이것은 모든 선지자와 올바른 길을 따르는 교우들의 사명이었습니다.

말하기에는 여러 형태가 있어, 그중에는 사람들에게 큰 영향을 주는 연설도 포함됩니다. 선생의 설명에 따르자면, 이런 연설은 총명한 지성이나 웅변적 말 솜씨에서 나오는 것이 아니라 깨달음을 얻은 마음에서 흘러나옵니다.

역사를 변화시킨 몇몇 문장으로 이루어진 연설들을 생각해 보면 그것들은 선지자들, 개혁가들, 그리고 올바른 지도자들의 순수한 마음에서 나온 결과임을 알 수 있습니다. 그중 일부 연설은 하나님의 영광스러운 책인 꾸란에 담길 만한 가치 있는 내용도 있습니다. 다음은 몇 가지 예시입니다.

먼저, 선지자 아브라함의 연설입니다.

아브라함이 말하길,

"그렇다면 여러분의 조상과 여러분이 지금껏 숭배해 온 것들이 무엇인지 생각해 본 적 있습니까? 저로 말하자면, 진실로 온 세상의 주님을 제외하고 그 거짓 신들은 저의 적입니다. 주님께서는 저를 창조하시고 인도하시며, 식사와 음료를 주시고, 제 병을 치유하시며, 죽음과 새 생명을 주시고, 심판의 날에 우리의 죄를 용서하십니다. 저의 주님께서는 옳고 그름을 판별하는 능력을 주시고, 정의로운 이들과 함께하게 하시며, 후손들에게 진리를 전할 수 있도록 허락하시고, 축복받은 정원을 상속받을 이들 가운데에 저를 포함시켜 주시기 바랍니다. 방황하는 제 아비를 용서하시고, 부활의 날 저를 부끄럽지 않게 하시며, 악 없는 사람들이 기쁜 마음으로 하나님 앞에 설 때, 저를 부끄럽게 하지 마옵소서."(꾸란 26장 *Surah al-Shuara* 75-89절)

선지자 노아의 연설을 들어 보겠습니다.

노아가 백성들에게 한 내용을 그들에게 전할 것이니,
"내 백성들이여! 내가 여러분과 함께 있건, 하나님의 메시지를 전하건, 그것이 불쾌하다 할지라도 나의 신뢰는 하나님께 있도다. 그러니 내게 대항하는 수단을 결정하고, 너희가 신성하다고 여기는 존재들에게 도움을 청하며, 결정한 방법으로 주저 없이 나에게 대항하여 나를 쉬지 못하게 하라. 그러나 내 메시지를 외면한다면 기억하라. 나의 보상은 하나님께 있으며, 나는 여러분에게 아무 보상도 원하지 않았음을. 나는 하나님께 순종하는 이로서 초대받았음이라."(꾸란 10장 *Surah Yunus* 71-72절)

선지자 모세와 파라오, 그리고 그의 백성들 사이의 대화를 들어 보십시오.

파라오가 물음에,
"무엇과 누가 온 세상을 유지하는지?"
모세가 대답하니,
"그분은 하늘과 땅, 그리고 그 사이의 모든 것을 유지하시는 분입니다. 당신이 이해할 수 있도록 허락한다면 말이죠."

파라오가 주변 사람들에게 말하니,

"이 말을 들었는가?"

모세가 계속해서 말하기를,

"그분은 당신뿐 아니라 당신 선조들의 주님이기도 합니다."

그러자 파라오가 외쳤음에,

"여러분, 이 사람을 보도록! 자신이 선지자라고 주장하며 여러분에게 보내졌다고 말하는 이 사람이 정말 미쳤음이라."

하지만 모세가 말을 이었나니,

"당신이 이성으로 알 수 있듯이, 그분은 동서남북과 그 사이 모든 것의 주님이십니다."

그러자 파라오가 말했도다.

"당신이 만약 나 대신 다른 이를 섬긴다면, 나는 당신을 투옥할 것이로다."

이에 모세가 말했으니,

"진리를 명백히 보여 주는 증거를 당신 앞에 내놓는다 해도 그럴 겁니까?"(꾸란 26장 *Surah al-Shuara* 22-30절)

선지자 예수 이야기도 들어 보겠습니다.

보십시오, 나는 하나님의 종복이니. 하나님께서는 내게 계시를 보내셨고, 선지자로 지명하셨으며, 어디에서건 나에게 축복을 풍성히 베푸셨습니다. 살아 있는 동안 나에게 예배와 자선을 명령하셨고, 어머니를 공경하라고 가르치셨습니다. 나를 거만하게 만들지 않으셨고, 은혜를 잃지 않게 하셨습니다. 그러므로 내가 태어난 날에 평화가 있었고, 죽는 날과 다시 살아나는 날에도 평화가 있을 것입니다.(꾸란 19장 *Surah Maryam* 30-33절)

파라오의 가족 중 믿음을 지닌 남자가 말했습니다.

믿음을 가진 자가 말하길,
"나의 백성들이여, 올바른 길로 인도하리니 나를 따르라. 나의 백성들이여, 이 세상은 일시적 안식에 불과하며, 진정한 집은 내세에 있다. 악을 행하면 은총 대신 그에 상응하는 대가를 치르게 되지만, 정의로운 자는 은총의 낙원에서 헤아릴 수 없는 풍요를 누리리라. 나의 백성들이여, 여러분이 나를 지옥으로 초대하는 동안 나는 여러분을 구원의 길로 초대하고 있다. 이것이 어찌 이상한 일이 아니겠는가? 여러분은 나에게 알지 못하는 동료를 하나님께 두어 모독하게 하려 하지만, 나는 끊임없이 용서하시는 높으신 권능으로 여러분을 받들고 있다. 의심할 바 없이, 여러분은 이 세상이나 내세에서 나를 부당하게 초대하고 있으나, 우리 모두 결국 하나님께 돌아가야 하며, 죄인들의 최후는 지옥불의 동료가 될 것이다. 곧 여러분은 내가 하나님께 맡긴 말과 나 자신의 일을 기억하게 될 것이니, 하나님께서는 영원히 종복들을 지켜보고 계시기 때문이다."(꾸란 40장 *Surah Ghafir* 38-44절)

이러한 이야기들을 통해서 여러분은 모든 연설이 연사의 마음에서 비롯된 빛의 장막과 같이 펼쳐지는 것임을 알게 됩니다.

선지자 무함마드의 연설은 타북(Tabuk) 전투에서도 드러났습니다. 그는 말했습니다.

"가장 진실된 담론이라면 하나님의 책에 있습니다. 가장 신뢰할 수 있는 지침은 경건한 언어이며, 가장 위대한 종교는 이브라힘의 종교입니다. 최고의 전통이라면 무함마드의 순나(*Sunnah*)이며, 가장 고귀한 말은 하나님의 이름을 부르는 것입니다. 최상의 담화는 꾸란이며, 가장 좋은 일은 명확히 해결된 일이고, 가장 나쁜 일은 경건한 승인 없이 이루어진 것입니다. 최상의 길은 선지자들이 걸었던 길이며, 가장 고귀한 죽음은 순교입니다. 가장 비참한 무지는 인도된 후의 어리석음이며, 최상의 지식은 유익한 것입니다. 실현 가능한 안내가 최상이며, 최악의 무지라면 마음의 무지입니다. 손 위쪽이 아래쪽보다 낫습니다(즉, 받는 것보다 주는 것이 더 낫습니다). 적지만 충분하면, 환상적으로 많은 것보다 낫습니다. 죽음이 눈앞에 닥친 후에야 하는 사과는 최악이며, 가장 큰 후회는 부활의 날에 찾아오는 양심의 가책입니다. 어떤 사람들은 금요 예배에 오지 않거나 주저하고 망설이며, 또 다른 이들은 하나님을 망각하거나 마지못해 떠올립니다. 거짓 표현에 중독된 혀는 죄가 부글부글 끓는 샘과도 같습니다. 가장 가치 있는 소유는 마음의 만족이며, 가장 훌륭한 준비는 경건입니다. 최상의 지혜는 하나님께 대한 경외심이며, 마음속에 간직해야 할 최고의 것은 믿음과 확신이니, 의심은 배신 행위에 속합니다. 참을성 없는 눈물과 죽은 사람에 대한 과도한 찬양은 무지한 행위입니다. 배신은 지옥불로 이끌고, 술은 죄악의 어머니입니다. 여러 분 각자는 4큐피트 안(무덤 안)에 의지할 것이며, 여러분의 행위는 궁극적으로 내세에서 결정됩니다. 용서하는 사람은 스스로 용서받게 되고, 하나님의 용서도 받게 됩니다. 분노를 억제하는 사람은 하나님께서 보상하시고, 불행을 인내로 대처하는 이들은 하나님께서 보상하십니다. 인내와 관용을 드러내는 사람은 하나님께서는 두 배의 상을 주시고, 하나님을 따르지 않는 사람에게는 벌을 주십니다."[1]

이 말은 바로 선지자의 마음속에서 우러나와 쉽게 사람들에게 이르러 큰 영향을 미쳤습니다. 창조주에 대해서 이야기하는 이는 먼저 그 말이 마음에서 우러나오는지 확인해야 합니다.

누군가에게 조언을 하고자 한다면, 먼저 자신의 마음을 개선해야 합니다. 진실한 의도를 마음속에 품고 있다면, 사람들에게 더 큰 영향을 미칠 것이며, 지혜로운 말에서 선생님처럼 여러분의 말과 행동을 사람들이 이해할 것입니다.

선지자의 동료들도 일반 대중뿐 아니라 역사의 흐름에도 영향을 미친 강력한 연설을 펼쳤습니다. 아부 바크르 알-시디크(Abu Bakr al-Siddiq)는 칼리프가 된 후 중요한 연설을 했습니다. 그의 연설 중 가장 영향력 있는 부분은 다음과 같습니다.

"저는 여러분의 선택을 받았지만, 가장 우수해서가 아닙니다. 제가 올바르게 행동할 때는 도와주시고, 잘못을 저

---

1) 바이하키가 전함.

지를 때는 바로잡아 주시기 바랍니다."

우마르 이븐 알-카타브(Umar b. al-Khattab)는 말했습니다.

"어머니가 자유인으로 낳은 아이들을 언제부터 노예로 만들었나요?"

우스만 이븐 아판(Uthman b. Affan)이 말했습니다.

"백성 여러분, 여러분이 원하는 지도자는 말을 잘하는 자가 아니라 올바르게 통치하는 자입니다."

알리 이븐 아비 탈리브(Ali b. Abi Talib)가 말했습니다.

"보물을 지키는 자가 사라진다면 보물만 남겠지만, 지식인은 시대를 뛰어넘어 살아남습니다."

이븐 아따아가 말했습니다.

"하나님께서 허락하신다면, 여러분이 전하고자 하는 말과 몸짓은 사람들에게 이해될 것입니다."

# 스물여섯 번째 단계

## 만족

**하**나님의 가장 완벽한 축복이란 여러분에게 꼭 필요한 만큼 베풀고 잘못을 저지를 기회를 미리 막는 데 있습니다. 행복해할 일이 적으면 슬퍼할 일도 그만큼 줄어들게 됩니다.

**자비의 주님이시며 자애를 베푸시는 하나님 이름으로**

하나님을 향한 여정의 이번 단계는 섭리와 그 섭리를 올바르게 이해하는 방법에 대한 것입니다. 앞서 언급된 선지자의 전승에서 말합니다.

"충분한 소량이 매혹적인 풍부함보다 낫습니다."

그리고 선생은 '지혜의 말씀'에서 재차 강조하였습니다. 선생은 말씀하셨습니다.

"하나님의 가장 완전한 축복은 여러분에게 딱 필요한 만큼 주시고, 잘못을 저지를 수 있는 여지를 제거하는 데 있습니다."

하나님은 믿는 이에게 필요한 만큼만 베푸십니다. 이런 일이 일어난다면, 그것은 하나님의 완전한 은혜입니다. 하나님께서 큰 섭리를 누군가에게 베푸시면, 그 사람은 경계를 넘을 위험이 있습니다. 하나님께서 말씀하셨습니다.

인간이 왜 모든 경계를 넘으려 하는가? 그들 스스로 충분하다고 여기기 때문인가? 진정코 모든 것은 주님께로 돌아가리라.(꾸란 96장 *Surah al-Alaq* 6절)

다음 구절에서 하나님께서는 인간 본질에 대해 말씀하

십니다.

> 하나님이 이 세상에서 종복들에게 풍부한 양식을 주신다면,
> 그들은 이 땅에서 모든 한계를 넘어 반역과 폭거를 저지르
> 리니. 그러나 하나님은 그분의 뜻에 따라 적절한 양의 은혜
> 를 위에서 베푸시리라.(꾸란 42장 *Surah al-Shuara* 27절)

이것은 인간 본성에 대한 보편 법칙입니다. 하나님께
서 우리에게 풍요로운 섭리를 베푸시면, 우리는 잘못된 행
동을 할 수 있습니다. 그러므로 하나님께서는 꾸란 42장
(*Surah al-Shuara*) 27절과 같이, 그분의 뜻에 따라 은혜를
위에서 내려 주십니다.

하나님의 무한한 지식을 통해, 어떤 사람에게 부를 베
푸실 때, 그가 잘못을 저지르지 않을 것을 아시고 내리시는
것입니다. 동시에 어떤 사람에게 권력을 주면, 그가 사람들
에게 부정을 저지를 것임을 알고 계십니다. 그러므로 하나
님은 그에게 권력을 주지 않으십니다. 이 원칙은 반대의 경
우에도 적용됩니다.

이는 하나님의 모든 베푸심과 거두심의 다양한 분야에
적용됩니다. 여러분에게 주어진 모든 것은 하나님의 은총
이며, 심지어 여러분 자신을 보호하기 위함입니다. 그러므

로 여러분은 거두어진 것만 생각하지 말고, 선지자의 "충분한 소량이 매혹적인 풍부함보다 낫다"는 말씀을 기억하며, 여러분에게 잘못을 저지르게 할 수도 있는 것들을 갈망하지 마십시오.

선생이 말합니다.

"기뻐할 일이 줄어든다면 슬퍼할 일도 줄어들 것입니다."

이슬람은 기쁨에 반대하지 않습니다.

하나님께서 말씀하셨습니다.

> 하나님의 은혜와 그 범위 안에서 그들이 즐기도록 하라.(꾸란 10장 *Surah Yunus* 58절)

믿는 사람들은 하나님께서 주신 은총을 즐거워해야 하지만, 잃어버린 것에 대해 절망하는 것은 옳지 않습니다. 하나님께서 말씀하셨습니다.

> 그대에게서 떠난 좋은 것에 절망하지 말 것이며, 그대에게 찾아온 좋은 것에 지나치게 기뻐하지도 말라.(꾸란 57장 *Surah al-Hadid* 23절)

세속적 이득이 기쁘다면, 이 삶은 언젠가 끝나리라는

것을 알아야 합니다. 아랍 속담에 이런 말이 있습니다.

"당신이 가진 것이 당신 이전의 사람에게 계속 유지되어 있었다면, 그것은 결코 당신에게 이르지 못했을 것입니다!"

하나님께서 말씀하셨습니다.

하늘과 땅, 그리고 그 안의 모든 것은 반드시 사라질 것이다.(꾸란 55장 *Surah al-Rahman* 26절)

그러므로 기뻐할 일이 줄어든다면, 슬퍼할 일도 그만큼 줄어들 것입니다. 하나님의 은혜는 여러분에게 꼭 필요한 만큼만 주어지니, 쓸모없는 것들을 잃어버린다 해도 근심할 필요가 없습니다. 여러분이 먹을 것과 마실 것, 그리고 필요한 것을 충분히 갖추고 있다면, 그것은 하나님의 완전한 축복입니다. 감사하는 마음을 가져야 합니다. 하나님은 주시고 거두시는 데에 완벽한 지혜를 가지고 계시기에 여러분에게 최선을 바라시니, 이에 만족하길 바라십니다.

# 스물일곱 번째 단계

## 겸손

> **자**신을 겸손한 행동의 위에 서 있다고 여기는 사람은 겸손한 사람이 아닙니다. 겸손한 사람은 자신을 겸손한 행동에 미치지 못한다고 여깁니다.

**자비의 주님이시며 자애를 베푸시는 하나님 이름으로**

겸허함은 하나님을 향한 여정에 있는 모든 사람과 종 복들이 지녀야 할 필수 덕목입니다. 오만함은 겸허함의 정 반대이며, 매우 심각한 결점으로 여겨집니다. 선지자는 말 했습니다.

"누구라도 겨자씨만큼의 오만함을 지녔다면 천국에 들 지 못할 것입니다."

교인들이 반문했습니다.

"하지만 사람들은 고급 의류와 잘 만들어진 신발을 좋 아합니다."

그러자 선지자가 대답했습니다.

"오만함은 그런 것이 아닙니다. 진실을 거부하고 타인 을 부당하게 대하는 것, 그것이 오만함입니다."[1]

하나님의 말씀입니다.

그릇된 교만으로 그대 얼굴을 사람들로부터 돌리지 말 것이 며, 땅 위를 오만하게 걷지도 말 것이니. 하나님께서 자만에

---

1) 무슬림이 전함.

찬 사람을 사랑하지 않으시는도다.(꾸란 31장 *Surah Luqman* 18절)

내세에서의 행복한 삶에 대하여 말씀하십니다.

자랑하지 않고 부패를 퍼뜨리지 않은 사람들에게만 허락되노라.(꾸란 28장 *Surah al-Qasas* 83절)

어떤 사람들은 겉으로 겸손한 척하면서도 실제로는 스스로를 타인보다 우월하게 여깁니다. 이러한 태도는 교만일 뿐, 진정한 겸손과는 거리가 멉니다. 겸손은 마음 깊은 곳에서 우러나와야 합니다. 선생은 진정으로 겸손한 사람은 자신을 남들보다 못하다고 생각한다고 말했습니다.

문제는 사람들이 어떻게 진정한 겸손함을 얻을 수 있는지 하는 것입니다. 선생은 신앙적인 면에서 답변합니다. 어떤 이들은 사회적 지위나 재산 면에서 열등할 수도 있지만, 신앙심을 기준으로 삼는다면 그들은 다른 누구보다 하나님과 더 가까울 수 있으며, 믿음이 더욱 강할 수 있습니다. 그 사람은 이 세상에서 겪는 시련을 하나님을 위해 인내와 지혜로 견디고 있을 수 있으므로 하나님의 눈에는 누구보다도 가치 있는 존재일 수 있습니다. 싸흘 알-싸이디

(Sahl al-Saidi)가 다음 이야기를 전했습니다.

선지자 앞을 지나가는 어떤 남자에 대해 선지자가 교우들에게 물었습니다.

"저 남자에 대해 어떻게 생각하나요?"

교우들이 대답했습니다.

"그가 여성의 손을 청한다면 결혼은 당연히 성사될 테고, 그가 누군가를 보증한다면 그의 보증은 받아들여져야 합니다. 그가 말하면 그의 말에 귀 기울여야 합니다."

선지자가 잠자코 있었는데, 그때 가난한 무슬림 한 사람이 지나갔습니다. 선지자가 다시 제자들에게 물었습니다.

"저 남자는 어떻습니까?"

제자들이 대답했습니다.

"그가 결혼하려고 손을 청해도 허락되지 않을 것이고, 누군가를 보증하려고 해도 받아들여서는 안 될 것입니다. 그가 말하면, 들을 필요도 없습니다."

그러자 선지자가 말했습니다.

"이 가난한 무슬림이 첫 번째 사람으로 가득 찬 땅보다 낫습니다."[2]

---

2) 무슬림이 전함.

교우들이 첫 번째 사람에게 내린 평가는 물적 기준을 기초로 한 평가였습니다. 실질적 평가는 신앙적 측면만을 고려해야 하는데, 이는 바로 선지자가 적용한 방식입니다. 신앙적 측면에서 두 번째 남자는 첫 번째 남자 수억 명보다 낫습니다. 진정한 겸손은 꾸란에 기초한 경건함을 지위와 고귀함의 기준으로 삼고, 자신을 타인보다 낮추는 것입니다.

> 진정 하나님의 관점에서 가장 고귀한 이는 가장 경건한 사람이도다.(꾸란 49장 *Surah al-Hujurat* 13절)

> 그리고 기준은 오직 하나님께서만 알고 계십니다.

> 그분은 가장 경건한 이를 아시노라.(꾸란 53장 *Surah al-Najm* 32절)

선생이 말씀하시길, 겸손한 사람은 자신의 모든 행동을 겸손하게 여기지 않는 사람입니다. 오히려 겸손한 행동에 자신이 미치지 못한다고 여기는 사람입니다.

꾸란 15장 *Surah al-Hijr* 88절에서 선지자에게 전한 "믿는 이들을 위한 부드러움의 날개를 펼치도록 하라"는 하나님 말씀을 보십시오. 부드러움의 날개를 펼친다는 말은 부모님을 대할 때 보이는 태도와 같습니다.

겸허함으로 부드러움의 날개를 펼쳐라.(꾸란 17장 *Surah al-Isra* 24절)

이는 겸손의 가장 높은 수준을 나타냅니다.
하나님은 또한 선지자에게 명령하셨습니다.

그들을 용서하고, 그들을 위해 속죄의 기도를 올리며, 대중의 문제에 대해 그들과 상의하라.(꾸란 3장 *Surah al-Imran* 159절)

이는 겸손한 지도자의 특성으로 사람들을 용서하고 그들을 위해 기도하며 그들과 상의하는 것을 포함합니다. 모든 것을 이해하며 알고 있어 타인과 상의할 필요가 없다고 생각하는 것은 겸손이 아니라 오히려 거만함입니다. 우리는 오만함으로부터 하나님께 피난처를 간구합니다.

선지자는 공동체의 문제들에 대해 교우들과 항상 상의했으며, 그들의 결정에 따라 자신의 의견을 바꾸곤 했습니다. 이는 겸허함을 보여 주는 분명한 증거입니다. 바드르(Badr) 전투에서 선지자는 특정 장소에 캠프를 설치하려고 했습니다. 그러나 교우 알-합바브(al-Habbab)가 다른 장소를 제안하고자 선지자에게 물었습니다.

"선지자님, 이곳은 하나님의 계시에 따른 것입니까, 아니면 전략적인 전술입니까?"

선지자는 대답했습니다.

"이것은 전략적 전술입니다."

알-합바브(al-Habbab)가 제안했습니다.

"그렇다면 이곳은 전략적으로 적합하지 않습니다."

선지자 무함마드는 그의 조언을 수용했습니다. 또한, 선지자의 페르시아 교우 쌀만(Salman)은 마디나를 적의 공격으로부터 방어하기 위해 참호를 팔 것을 제안했고, 선지자는 그의 제안을 받아들였습니다.

하나님께서는 우리 각자를 이성, 지위, 건강, 재력 등에서 서로 다르게 창조하셨습니다. 그러나 이 중에서 하나 이상을 가졌다고 거만해질 이유는 없습니다. 실제로 하나님의 축복을 받은 사람은 감사의 마음으로 경배 드려야 합니다. 사람들 앞에서 스스로의 겸손함을 과시하거나, 마음속으로 자신이 겸양을 넘어 우월하다 생각한다면, 그것은 진정한 겸양이 아닙니다. 진정으로 겸손한 사람이라면 자신이 다른 이들보다 부족하다고 인정하며, 그래서 사람들의 도움, 조언, 그리고 기도가 필요하다고 믿습니다.

# 스물여덟 번째 단계

# 축복받은 삶과 지속적인 영향

긴 인생에서 얼마나 자주 작은 성취를 이루고, 짧은 인생에서는 얼마나 자주 큰 성과를 달성합니까? 어떤 이의 삶이 하나님의 축복을 받게 된다면 그것은 말로 표현할 수 없는, 이해하기 어려운 하나님의 은혜로 이어질 것입니다.

**자비의 주님이시며 자애를 베푸시는 하나님 이름으로**

이슬람 용어에서, 특히 수피 무슬림 사이에서 '바라카 (Barakah)'라고 불리는 축복은 매우 중요한 의미를 가집니다. 축복이라 함은 어떤 것에 신성한 긍정적 에너지가 드러남을 의미합니다. 우리가 어떤 일에 대해 하나님의 축복을 구할 때는, 그 축복을 통해 좋은 결과를 얻고자 하는 바람 때문입니다.

지혜의 말씀에서 선생이 말합니다.

"긴 인생에서 얼마나 자주 작은 성취를 이루는지, 그리고 짧은 인생에서 얼마나 자주 큰 성취를 이루는지."

어떤 이들은 축복 없이도 긴 세월을 살아가지만, 다른 이들은 짧은 시간 동안 큰 축복과 선함을 경험합니다.

이에 선생은 말했습니다.

"어떤 이의 삶이 축복받는다면, 말로 표현할 수 없고 설명으로 이해 불가한 하나님의 은혜를 짧은 시간에 얻을 것입니다."

비록 축복받은 그 삶이 짧다고 하더라도 하나님의 은총은 이루 헤아릴 수가 없습니다.

선지자 무함마드의 삶은 우리에게 훌륭한 본보기를 남

겼습니다. 하나님의 계시를 받은 이후 20년 동안, 선지자는 하나님의 메시지를 전 세계에 전파하며 심판의 날까지 인류 역사의 방향을 바꾸었습니다. 선지자의 일생은 모든 연령대의 사람들에게 선함과 성공으로 가는 길을 안내하는 축복받은 삶이었습니다.

교우들 중 일부는 30, 40대의 젊은 나이에 세상을 떴지만, 신앙에 큰 기여를 했습니다. 예를 들어, 무사브 이븐 우마이르(Musab b. Umayr)는 20대에 세상을 떴지만, 선지자가 마디나로 이주하기 전부터 이미 그곳에서 이슬람을 전파하며 대의를 위해 봉사했습니다. 아부 바크르 알-시디크(Abu Bakr al-Siddiq)는 칼리프로써 단 3년간 무슬림을 통치했음에도, 그 기간 강력한 이슬람 국가를 건설하고 많은 적들로부터 지켜 냈습니다.

알-샤피이(al-Shafii), 아부 하미드 알-가잘리(Abu Hamid al-Ghazali), 이븐 까이임 알-자우지야(Ibn Qayyim al-Jawziyyah) 등 여러 이맘과 학자들은 50대에 세상을 떴지만, 영향력 있는 수십 권의 서적과 많은 학생들을 남겼습니다. 그들의 지식과 지혜는 수세기가 지난 오늘날까지도 수억 인구에게 매일 이로움을 주고 있습니다.

하나님께서는 우리가 위대한 인물들에 미치지 못함을

아시고는, 특정 시기와 장소에 '바라카(*Barakah*, 축복)'를 준비하셨습니다. 예를 들어, 하나님은 '권능의 밤'을 끝없는 축복으로 채우셨습니다.

권능의 밤에 계시를 내리심에, 그 밤의 중요성을 어찌 설명하리요? 권능의 밤은 천 개월보다 더 가치 있으니, 천사들과 성령이 하나님의 허락하에 평화를 품고 아침까지 머무르리라.(꾸란 97장 *Surah al-Qadr* 1-5절)

그날 밤 하나님께 드리는 예배는 천 개월 동안 드리는 예배보다 낫습니다.

하나님은 금요일을 축복의 날로, 동 트기 전 새벽을 축복의 시간으로 정하셨습니다. 이른 아침에는 일을 하건, 예배를 드리건, 운동을 하건, 무엇을 하건 축복받게 될 것입니다.

또한 하나님은 특정 장소를 선택하여 다른 곳보다 더 큰 축복을 내리셨습니다. 하나님께서 말씀하셨습니다.

하나님께 영광이 영원하시니, 한밤중에 마카의 불가침 성원에서 예루살렘의 축복받은 외딴 성원으로 종복을 보내셨도다.(꾸란 17장 *Surah al-Isra* 1절)

보라, 인류를 위한 최초의 집은 마카에 세워졌으니, 그곳은 축복 넘치고 세상을 인도하는 곳이라.(꾸란 3장 *Surah al-Imran* 96절)

이 장소들은 하나님의 특별한 축복을 받았습니다.

성실함은 축복이 넘쳐 흐르게 합니다. 하나님을 향한 순수한 마음으로 일을 하면 분명히 축복을 받게 될 것입니다. 진실한 삶은 말로 표현할 수 없고 이해하기 어려운, 복된 존재입니다.

# 매듭짓기

## 다시 시작하는 여정

주의를 산만하게 하는 것들로부터 자유로워졌음에도 그분께 돌아가지 않는다면 얼마나 잘못된 삶인가! 혹은 소소한 장애물이 있다고 그분께 돌아가지 않는다면 얼마나 잘못된 삶인가!

**자비의 주님이시며 자애를 베푸시는 하나님 이름으로**

하나님을 향한 여정에는 종착점이 없습니다. 순환 도로처럼 끝에 도달했다고 생각하면, 어느새 출발점으로 돌아와 있게 됩니다. 하나님을 향한 여정은 마치 카아바(Kaabah)를 도는 것과 유사합니다. 카아바 주변을 도는 순환은 하나님의 보편 법칙들의 표현입니다. 지구상의 삶은 얽히고 설킨 수많은 순환들을 포함하는 큰 순환의 일부입니다.

인간의 순환은 정자가 형성되는 순간부터 시작하여 성인이 될 때까지 이어지고, 사람이 죽은 후에는 하나님께서 다른 형태의 순환으로 다시 일으켜 세우십니다.

진흙으로 인간을 빚으시고, 정자가 자궁에서 굳게 자리잡게 하신 후, 생식 세포로 배아 덩어리를 만드시어 **뼈**를 형성하고 살을 입히셨으니, 이제 새로운 피조물이 되었도다. 거룩하신 창조주이신 하나님! 보라! 그대들은 죽을 운명이며, 부활의 날 죽음에서 다시 살아나리라.(꾸란 23장 *Surah al-Muminun* 12-16절)

땅 위의 식물들도 인간의 순환 주기와 같은 경로를 지

니고 있습니다.

그분께서는 은혜로운 소식을 담은 바람을 보내시어 무거운 구름을 몰고 오시고, 그것을 죽은 땅으로 보내 물을 내리게 하시며, 다양한 열매들이 맺게 하심에. 이처럼 죽은 자들을 일으키실 것이니 명심하도록.(꾸란 7장 *Surah al-Araf* 57절)

행성과 달과 별들도 모두 순환 주기 법칙을 따릅니다.

태양을 빛의 근원으로, 달을 그 빛이 반사될 대상으로 만드시고, 그 위상을 정하여 여러분이 시간을 측정하고 날짜를 계산할 수 있도록 하신 분 하나님이시니, 창조된 것 중 진리가 없는 것은 없으며, 이 메시지를 통찰력 있는 사람들에게 분명히 설명하시는도다.(꾸란 10장 *Surah Yunus* 5절)

달은 처음 생겨날 때부터 완전한 원형을 이룰 때까지 성장하여 새로운 주기가 시작될 때까지 점차 사라집니다.

달이 오랜 대추야자나무 줄기처럼 마르고 구부러질 때까지의 단계를 정하셨으니, 태양이 달을 추월할 수 없고 밤이 낮을 앞설 수 없으니. 모두 우주를 떠다니는 까닭이노라.(꾸

란 36장 *Surah Ya Seen* 39-40절)

공동체와 문명도 마찬가지로 출생, 성장, 죽음이라는 순환 과정을 겪습니다.

사람들에게 행운과 불행의 날을 할당하는 것은 하나님 몫이로다.(꾸란 3장 *Surah al-Imran* 140절)

하나님을 향한 여정은 결코 멈추지 않습니다. 삶의 모든 단계에서, 어떠한 능력이나 위치에 있건 하나님을 향한 여정은 계속됩니다. 어떤 단계에서는 다른 단계보다 짧게 머무를 수도 있습니다. 선생은 지침의 마지막에 우리에게 이렇게 말합니다.

"주의를 산만하게 하는 것들로부터 자유로워졌음에도 그분께 돌아가지 않는다면 얼마나 잘못된 삶인가! 혹은 소소한 장애물이 있다고 그분께 돌아가지 않는다면 얼마나 잘못된 삶인가!"

이 말씀은 선지자에게 주어진 하나님의 명령으로 강화됩니다.

고난을 벗어났을 때, 이를 굳건히 지켜 사랑으로 하나님께 돌아가도록.(꾸란 94장 *Surah al-Sharh* 7-8절)

여행을 재개하기 위해서는 자유 시간을 잘 활용해야
합니다. 선지자가 말했습니다.

"다음의 다섯 가지를 미리 챙기십시오. 그것은 늙기 전
의 젊음, 아프기 전의 건강, 가난해지기 전의 재산, 바빠지
기 전의 시간, 그리고 죽기 전의 인생입니다."[1]

우리가 하나님께 희망을 걸고 여정을 시작하면서 한
이야기가 있습니다.

"잘못을 저질렀을 때, 하나님께 대한 희망이 줄어든다
면 당신은 하나님의 자비가 아닌 자신의 행동에만 의존하
고 있음을 깨달아야 합니다."

여정을 마치며 우리는 우리의 죄와 결점, 그리고 부족
함을 용서해 달라고 기도하며, 그분의 자애와 은혜로써 보
상받기를 하나님께 기도합니다.

우리는 늘 우리의 열망을 새롭게 해야 하지만 "아무
리 인간 의지가 강하다 해도 운명을 완전히 통제할 수는 없
다"는 사실을 이해해야 합니다. 열심히 노력하되 결과는
하나님 뜻에 맡겨야 합니다.

"그분께서 당신의 일을 돌보시니 걱정 마십시오."

---

1) 하킴과 바이하끼에 의해 보고됨.

그리고 스스로에게 진실해야 합니다.

"행동은 마치 진실의 영혼으로만 깨어나는 조각상과도 같습니다."

또한 마음을 치유하는 최선의 과정은 고독 속에 성찰하는 일임을 상기해야 합니다.

"성찰의 상태로 들어갈 수 있는 고독보다 마음에 더 좋은 것은 없습니다."

고독 속에 욕망이나 망각이 자리할 공간은 없습니다.

"마음의 거울이 물욕으로 뒤덮여 있는데 어떻게 빛을 발할 수 있겠습니까? 욕망에 얽매인 마음으로 어떻게 하나님을 향한 여정이 가능하겠습니까? 태만으로부터 마음을 씻어내지 않고서 어떻게 신성함에 들기를 바랄 수 있겠습니까? 잘못으로부터 반성하지 않고 어떻게 마음이 섬세한 비밀을 이해할 수 있길 바라겠습니까?"

진정한 성찰은 탁월함으로 가는 열쇠입니다.

모든 무슬림은 자신의 삶과 시간을 의미 있게 사용해야 합니다.

"시간이 생길 때까지 선행을 미루는 것은 미성숙한 영혼의 징표입니다."

선행을 시작하면서, 우리는 처음부터 하나님을 기억해

야 합니다.

"성공의 최종 징후는 애초에 하나님을 기억함으로써 달성됩니다. 애초에 일출이 없다면 종국에 일몰도 없습니다."

이는 우리의 의도를 정화하고, 진정성을 드러내며, 하나님의 도움을 청하고, 모든 행동을 시작할 때 그분을 참조하라는 것을 일깨웁니다.

자신의 결함을 찾아내는 일은 모든 결점이 사라지고 높은 도덕성이 생길 때까지 멈추지 않습니다.

"내면의 결함을 찾으려는 노력은 숨겨진 세계를 찾으려는 노력보다 낫습니다."

이것은 본질적으로 지속되는 과정입니다.

첫 번째 결함은 독선인데, 그 이유는 다음과 같습니다.

"모든 죄와 망각, 욕망의 근원은 독선에 있고, 모든 선행, 자각, 순결의 근원은 자기비판에 있습니다."

자신의 결점을 발견하고자 하는 내면의 자아는 선한 사람들과 친구를 맺음으로써 구원받을 수 있는 자책감에 사로잡힌 영혼입니다.

"그의 상태로 당신을 끌어올려 주지 않거나 그의 말로 하나님께 인도하지 않는 이와는 친구를 맺지 마십시오. 당신이 악행을 저질렀을 때도 당신보다 나쁜 친구와 비교해 당신 스스로 선한 일을 하는 듯 여길 수 있습니다."

그러므로, 의로움의 관점에서 당신보다 나은 사람과 친구를 맺어야 합니다.

마음이 따르지 않더라도 하나님의 이름 부르기를 멈추지 마세요.

"그분을 망각하는 게 당신이 그분을 부르면서도 주의를 집중하지 않는 것보다 더 나쁩니다."

하나님께서 그대를, 산만함에서 그분에 대한 몰입으로, 몰입에서 그분과 온전히 함께하는 상태로, 그분과 함께함에서 오직 그분 외에는 아무것도 없는 상태로 끌어올려 줄 것입니다.

하나님께는 어려운 일이 아니로다.(꾸란 35장 *Surah Fatir* 17절)

또 다른 심각한 결함은 사람들이 하나님이 아닌 다른 대상에게 종속되고 굴욕을 받게 하는 궁핍 상태입니다.

"굴욕의 나무는 궁핍의 씨앗에서 자랍니다. 여러분의 환상처럼 여러분을 속이는 것은 없습니다. 여러분은 포기함으로써 자유로워지고, 욕망을 품음으로써 노예가 됩니다."

환상은 우리에게 사람들이 섭리를 결정한다고 여기게

만듭니다. 모든 것은 하나님의 손에 달려 있으므로 우리는 오직 하나님의 섭리를 간구해야 합니다. 하나님께 순종하고 그분의 종복이 될 때, 비로소 진정한 자유를 누릴 수 있습니다.

"여러분이 선행을 통해 하나님께 나아가지 않으면, 그분께서 시험의 사슬로 여러분을 끌어당기실 것입니다."

이 지혜로운 말씀은 다음 구절로 뒷받침됩니다.

역경에서도 저들은 스스로를 낮추어 주님께로 돌아갈줄 모르는도다.(꾸란 23장 *Surah al-Muminun* 76절)

"하나님의 축복에 감사하지 않으면 잃을 위험이 있지만, 감사 드린다면 확고히 지켜집니다."

이 내용은 다음 구절로 뒷받침됩니다.

감사한다면 더 많이 줄 것이며, 불평한다면 내 형벌은 엄해지리라.(꾸란 14장 *Surah Ibrahim* 7절)

우리는 베푸심과 거두심에 대한 하나님의 혜안을 깨달아야 합니다.

"하나님께서 베푸신다고 생각할지라도 실제로는 거두시는 경우가 있고, 거두신다고 생각할 때에도 베푸시는 경우가 있습니다."

이 지혜의 말은 다음 구절에 의해 뒷받침됩니다.

인간들은, 돌보시는 분께서 너그러우심으로 편안한 삶을
누리게 하실 때 '보살피시는 분께서 내게 너그러우시다' 라
고 말하고, 생계 수단을 조이며 시험하실 때는 '보살피시는
분께서 나를 욕보이신다'라고 말하지만, 그게 아니로다.(꾸
란 89장 *Surah al-Fajr* 15-17절)

"여러분이 깨닫지 못하는 데서 오는 박탈감에서 나쁜
감정을 느낄 수도 있지만, 하나님은 여러분을 위해 경배의
문은 열어 두시되, 받아들임의 문은 열지 않으십니다. 여
러분은 죄를 짓는 운명에 빠질 수도 있습니다. 하지만 이는
하나님께로 가는 수단이 될 수도 있습니다. 겸손과 필요를
일으키는 잘못은 오만과 편견을 불러일으키는 경배보다 낫
습니다."

"만약 그분께서 당신을 사람들로부터 떼어놓으신다
면, 그분께서는 당신에게 그분과 함께하는 동행의 문을 열
어 두셨음을 알아야 합니다."

이것은 거두심이 아닙니다. 여러분이 고독하거나 여정
속에서 사람들로부터 당신을 떼어 놓은 것은 하나님의 시

험이 아니라 선물이기 때문입니다.

기도를 멈추지 마십시오.

"하나님께서 여러분이 구할 수 있도록 허락하신다면, 그분은 여러분에게 무언가를 주고자 하십니다."

하나님은 이 세상에서뿐 아니라 내세에서도 우리의 기도를 들어 주십니다.

"하나님은 여러분이 얼마나 쉽게 지루해지는지 아시고, 예배 방식을 다양하게 하셨습니다. 또한, 특정 시간이나 방법을 정해 두지 않음으로써 극단적 상황을 방지하셨습니다."

지루함을 피하고자 예배 행위를 다양화할 수 있습니다. 예배 드리기, 구빈세, 단식 등 선지자가 보여 준 다양한 경배 행위에 참여할 수 있습니다. 그러나 이러한 경배 행위들에는 각각의 중요도가 있습니다.

"예배 참석자가 모두 예배를 완성하는 것은 아닙니다."

겸손의 단계는 순종, 존경, 기쁨을 수반하는 것으로, 즉 복종(Islam), 믿음(Iman), 탁월함(Ihsan)입니다.

그리고 나서 말합니다.

"여러분이 고통을 호소하는 것은 하나님의 돌봄을 구하는 가장 훌륭한 방법이며, 겸손과 요청으로 미덕을 쌓는 가장 빠른 길입니다."

이 의미는 다음 구절로 뒷받침됩니다.

너희가 고통에서 울부짖을 때 응답해 주신 분이 누구이신
가?(꾸란 27장 *Surah an-Naml* 62절)

"깊은 신앙의 빛이 여러분에게 비추면, 내세로의 여행
을 시작하기 전에 그곳을 볼 수 있을 것이고, 이 세상의 덫
들이 눈앞에서 사라지게 될 것입니다."

죽음을 잊는 일은 모든 무슬림이 반드시 치유해야 할
중대한 결함입니다. 진정한 신자는 항상 내세를 생각하는
사람이어야 합니다.

타인으로부터 칭찬을 받는 신자는 주의가 필요합니다.

"사람들이 지레짐작하여 당신을 칭찬할 때, 당신이 확
실히 자각하는 자신의 실체로서 자책해야 합니다. 자신에
대해 진실로 알고 있는 것을 부정하고 타인의 선입관을 믿
는 사람은 가장 어리석은 사람입니다."

희망과 경외감 사이의 균형을 유지하는 것이 중요합니
다. 이는 희망을 하나님의 처벌로부터의 안전감으로 느끼
지 않게 하기 위함입니다.

"하나님께 향한 희망의 문이 열리길 바란다면 하나님

께서 베푸신 것을 기억하고, 하나님께 향한 경외의 문이 열리길 바란다면 당신이 바치는 것을 기억하세요."

"의무를 다하지 않으면서도 선택적인 선행에 적극적인 사람은 스스로의 변덕을 따른다는 증거입니다."

진정한 신자는 우선순위를 올바르게 설정합니다. 의무를 우선 이행한 후 선택적 선행을 수행합니다. 재산, 노력, 시간을 기본적 의무에 우선 할애해야 합니다.

"모든 이야기는 이야기하는 이의 마음의 외피를 쓰고 나타납니다. 하나님께서 허락하신다면, 여러분이 전하고자 하는 말과 몸짓은 사람들에게 이해될 것입니다."

선지자의 광범위한 이야기들은 빛으로 가득 찬 순수한 마음에서 샘솟아 나왔기에 세상을 변화시켰습니다.

만족은 "적은 것으로 충분하다면, 환상적으로 많은 것보다 낫다"는 선지자의 말씀처럼, 바닥을 들어내지 않는 보물 창고와 같습니다.

"하나님의 가장 완전한 축복은 여러분에게 딱 필요한 만큼 주시고, 잘못을 저지를 수 있는 여지를 제거하는 데 있습니다. 기뻐할 일이 적어지면 슬퍼할 일도 줄어들 것입니다."

이 구절은 다음 문장으로 뒷받침됩니다.

그대에게서 떠난 좋은 것에 절망하지 말 것이며, 그대에게 찾아온 좋은 것에 지나치게 기뻐하지도 말라.(꾸란 57장 *Surah al-Hadid* 23절)

겸손함 또한 보물창고입니다.

"자신을 겸손한 행동의 위에 서 있다고 여기는 사람은 겸손한 사람이 아닙니다. 겸손한 사람은 자신을 겸손한 행동에 미치지 못한다고 여깁니다."

책을 맺으며, 하나님께서 베푸신 가장 큰 축복은 바로 축복받은 삶입니다.

"긴 인생에서 얼마나 자주 작은 성취를 이루고, 짧은 인생에서는 얼마나 자주 큰 성과를 달성하는가. 누군가의 삶이 하나님의 축복을 받는다면, 그는 말로 표현할 수 없고 설명으로 이해 불가한 하나님의 은혜를 짧은 시간에 얻을 것입니다."

은총은 특정 장소, 시간, 그리고 순수한 의도에서 발견될 수 있습니다.

하나님의 뜻에 따라 우리가 자신을 개선하면, 그것은 사람들과 관계를 개선하는 데에도 도움이 될 것이며, 이는 하나님께서 설정하신 보편 법칙 중 하나입니다.

하나님께서는 그들 스스로가 변하지 않는 한 사람들의 상태를 변화시키지 않으신다.(꾸란 13장 *Surah ar-Rad* 11절)

이 겸손한 문장이 심판의 날에 흠이 되지 않도록 하나님께서 받아 주시기를 기도 드립니다. 이 문장이 많은 사람들에게 도움이 되기를 기도 드립니다.

하나님이시여! 하나님의 가르침으로 우리의 지식이 증가하게 하시고, 사람들에게 도움을 주시기를 기도 드립니다. 선지자 무함마드와 그의 가족, 동료들, 그리고 마지막 날까지 그를 따르는 모든 이들에게 하나님의 평화와 축복이 깃들기를 기도 드립니다.